# A DESCOBERTA
# DE SI MESMO

IVANISE FONTES

# A DESCOBERTA DE SI MESMO

na visão da Psicanálise do sensível

EDITORA
IDEIAS &
LETRAS

DIREÇÃO EDITORIAL:
Marlos Aurélio

COPIDESQUE E REVISÃO:
Luiz Filipe Armani

CONSELHO EDITORIAL:
Avelino Grassi
Fábio E. R. Silva
Márcio Fabri dos Anjos
Mauro Vilela

DIAGRAMAÇÃO:
Tatiana Alleoni Crivellari

CAPA:
Miguel Ferraris

Todos os direitos em língua portuguesa, para o Brasil, reservados à Editora Ideias & Letras, 2021.

4ª impressão

EDITORA
IDEIAS &
LETRAS

Avenida São Gabriel, 495
Conjunto 42 - 4º andar
Jardim Paulista – São Paulo/SP
Cep: 01435-001
Editorial: (11) 3862-4831
Televendas: 0800 777 6004
vendas@ideiaseletras.com.br
www.ideiaseletras.com.br

Dados Internacionais de Catalogação na Publicação (CIP)
(Câmara Brasileira do Livro, SP, Brasil)

A descoberta de si mesmo: na visão da psicanálise do sensível / Ivanise Fontes
São Paulo: Ideias & Letras, 2017.
Bibliografia.
ISBN 978-85-5580-025-2

1. Ego ( Psicologia) 2. O Eu 3. psicanálise I. título.

17-02463                        CDD-150.195

Índice para catálogo sistemático:
1. Psicanálise: Psicologia 150.195

Para Dr. Pedro Henrique Paiva e Dr. Sidney Arce,
pela sensibilidade e competência.

# Sumário

**Prefácio**    **9**
**Introdução**    **17**

1. A construção do ego corporal –
fundamentos de uma Psicanálise do sensível    **21**

2. Desde Winnicott –
reflexões sobre a dimensão corporal da transferência    **29**

3. A inquietante estranheza da transferência:
convergências entre D. W. Winnicott e P. Fédida    **35**

4. D. W. Winnicott e a noção de ego corporal –
um novo prisma    **43**

5. Os envelopes artificiais de continência
e a violência da falta de contato    **51**

6. A construção silenciosa do ego corporal    **61**

7. A transferência e a memória corporal    **71**

8. Resenha: A maçã no escuro – Clarice Lispector    **77**

9. Autismo – falhas na formação da continência – contribuições de F. Tustin e G. Haag    **85**

10. Ameaça à continuidade da existência – a evolução das noções psicanalíticas sobre o autismo    **103**

**Bibliografia**    **119**

# Prefácio

## O projeto de pesquisa de Ivanise Fontes: por uma psicanálise do sensível

*Por Luís Claudio Figueiredo*[1]

Durante os últimos anos de sua sempre produtiva trajetória, Freud preocupou-se, como sabemos, com algumas questões que só se tornaram possíveis e relevantes a partir da criação de sua segunda teoria pulsional (1920) e de sua teoria estrutural do psiquismo (1923).

Dentre estes problemas, cabe destacar, no presente contexto, as vicissitudes do processo de formação do eu, de sua estrutura e de suas capacidades. Problemas nestas áreas, muitas vezes, resultam no que ele veio a denominar de "alterações do eu". Tais "alterações" não apenas vão caracterizar algumas formas bastante graves de adoecimento psíquico – formas que vão além do que tanto ele havia estudado nos adoecimentos neuróticos – como se revelam

---
[1] Psicanalista, professor aposentado da USP e professor da pós-graduação em Psicologia Clínica da PUC-SP.

obstáculos recalcitrantes ao trabalho terapêutico. Em alguns casos, inclusive, estabeleceriam, segundo Freud, um limite intransponível ao tratamento psicanalítico. Vale lembrar que a psicanálise "pós-freudiana" – o que inclui autores que na verdade já produziam no período em que Freud estava vivo, mas se desenvolveu muito mais a partir da década de 1940 – foi aos poucos transpondo estes limites e tornando possível a psicanálise de pacientes psicóticos, narcisistas e autistas. Entre os autores que trouxeram contribuições originais e decisivas a esta linha de trabalho, uma menção especial precisa ser feita a Sándor Ferenczi e aos diversos analistas que o seguiram nesta nova trilha evolutiva, como Balint, Winnicott e ainda, mais próximo de nós, Pierre Fédida. O projeto clínico e teórico de Ivanise Fontes situa-se justamente neste contexto freudiano e ferencziano, o contexto da psicanálise contemporânea. É bem aí que se abre o campo denominado por nossa autora de "psicanálise do sensível".

Para o próprio Freud já era evidente que entre o campo do possível, mas nunca fácil, tratamento dos neuróticos e o campo obscuro dos aparentemente impossíveis tratamentos dos psicóticos, narcisistas e autistas, havia uma região indefinida e nebulosa. Vamos mencionar apenas alguns trechos em que Freud vislumbrou tal território:

Em 1937, publica "Análise terminável e interminável" (Freud, 1937). Nele se lê: "Cada pessoa normal o é apenas em média, seu eu se aproxima ao do psicótico em um ou outro ponto, em grau menor ou maior, e a magnitude do distanciamento em relação a um extremo da série, e sua aproximação ao outro extremo nos servirá provisoriamente como uma medida do que se denominou de forma tão imprecisa como 'alteração do eu'". Realmente, Freud admite que falar de "alterações do eu" carece de precisão, mas o que interessa é ver como ele reconhece um contínuo entre o polo da normalidade, do qual a neurose está relativamente próxima em termos de um eu "pouco alterado" – ou seja, um eu já formado e como uma relativa unidade – até, na outra ponta, alterações do eu profundas que vão caracterizar os adoecimentos psicóticos. E mais: todos oscilamos um pouco entre estas polaridades e, mesmo se somos "em média normais", comportamos partes mais ou menos psicóticas. Isso justificaria o uso, entre os analistas franceses, da expressão "estados *borderline*", já que ninguém está livre de estados psíquicos que ficam no meio do caminho entre normalidade, neurose e psicose.

Mas vejamos um pouco mais de perto o que podem ser as tais "alterações do eu": são as marcas deixadas pela ação exagerada de mecanismos de defesa radicais contra as angústias mais primitivas e que comprometem o eu em seus contornos, em seus limites e em suas tarefas, em especial as que são as responsáveis pela síntese, organização e transformação da experiência emocional. A capacidade de continência, de integração somatopsíquica, e a de representação e simbolização ficam prejudicadas. Transbordamentos afetivos, estados confusionais, estados de despersonalização mais ou menos graves, e picos de angústia ou, ao contrário, esvaziamentos, e apatias tornam-se muito frequentes, convertem-se em ameaças constantes à coerência egoica e à capacidade de estabelecer relações estáveis com os objetos e com a realidade. Muitos dos transtornos associados ao que Julia Kristeva chamou de "novas doenças da alma" decorrem justamente das famosas "alterações do eu" mencionadas por Freud.

No mesmo ano de 1937, outro artigo de Freud – "Construções em análise" – focaliza uma modalidade de sofrimentos que vai muito mais fundo do que os sofrimentos neuróticos. Trata-se do sofrimento produzido pelo trauma precoce: "algo que a criança viu ou ouviu na época em que mal era capaz de falar e que agora quer ascender ao nível da consciência, mas de forma provavelmente desfigurada e deslocada pelas forças que se opõem a este retorno". Ou seja, "algo vivenciado na primeira infância e logo esquecido". Freud introduz assim a questão da experiência irrepresentável, que tende a se fazer presente pela via da compulsão à repetição: do agir às cegas, dos adoecimentos psicossomáticos, da alucinação e do delírio, única maneira de preencher as lacunas e buracos deixados na "memória", na continuidade da experiência no plano do sentido. Esquecimento, ausência de palavras para representar e forças resistenciais profundas se unem para criar e manter tais buracos negros no psiquismo. Eis aí um exemplo do que a expressão "alterações no eu" pode recobrir. Vale assinalar que esta problemática do traumático – em especial do trauma precoce – está no centro das experiências clínicas e das elaborações teóricas da derradeira fase da obra de Sándor Ferenczi, e compareceu insistentemente nas produções de seus seguidores, como Balint e Winnicott.

Mas voltemos a Freud. No ano seguinte, às vésperas da morte, Freud inicia dois textos que deixa inacabados e serão publicados postumamente: "A cisão do eu no processo defensivo" (1938/40) e "Esquema da Psicanálise" (1938/40). O primeiro trata exatamente de uma grave alteração do eu produzida pelo mecanismo defensivo que é a recusa (*Verleugnung*), a partir da qual se cria uma cisão no eu. Este tema já fora trabalhado por Freud no texto sobre o fetichismo, mas agora ele retorna com uma maior amplitude e associado à experiência do trauma. Não só no fetichismo da perversão e nas psicoses, mas em todos os adoecimentos neuróticos, alguma recusa e alguma cisão produz as "alterações no eu", algo que, conforme vimos, admite graus. Isto é, descortina-se novamente aqui um horizonte em que se perfila um contínuo entre os polos da normalidade e o das neuroses, perversões e psicoses.

Finalmente, no "Esquema da Psicanálise", logo depois de nos informar que o eu do psicótico não é capaz de estabelecer com a análise e o analista uma relação terapêutica eficaz, pois lhe falta coerência, Freud continua, no parágrafo seguinte, afirmando: "Entretanto, existe uma outra categoria de pacientes, evidentemente muito próximos aos psicóticos: o grande número de neuróticos de sofrimentos graves. As condições da enfermidade e os mecanismos patógenos serão neles, forçosamente, os mesmos, ou ao menos muito parecidos, mas seu eu dará provas de maior resistência, desorganizou-se menos. Muitos deles puderam funcionar relativamente bem na vida real, a despeito de todos os seus achaques e das insuficiências causadas por eles".

Estes "neuróticos graves", com um eu muito malformado, mas ainda assim relativamente capazes de se conterem, representarem, simbolizarem e elaborarem experiências emocionais – logo na década seguinte à morte de Freud começaram a ser denominados de *borderline*, uma noção tão imprecisa quanto a de "alterações do eu", mas que se justifica pela ideia de graduação nas alterações do eu. Alguns falarão em pacientes *borderline*, enfatizando uma estrutura *sui generis*, tentando discernir uma dinâmica própria a estes pacientes; outros, pelas razões anteriormente apresentadas, falarão de estados *borderline*. Entre os do primeiro grupo, cabe destacar a obra de André Green e seu foco na dificuldade de certos indivíduos se organizarem a partir de seus limites (entre eu e outro e entre consciente e inconsciente). Seu colega e amigo Didier Anzieu – um dos inspiradores da "clínica do sensível", praticada e teorizada por Ivanise Fontes – vai pelo mesmo caminho, explorando ainda mais fundo as relações somatopsíquicas; mas há muitos outros autores na França, Inglaterra e Estados Unidos que deram contribuições significativas a estas questões teóricas e clínicas; a muitos deles o presente livro nos remete em suas elaborações.

O que importa no momento é assinalar que para Freud tais "alterações do eu" deixam o eu relativamente vulnerável às emergências pulsionais, às pressões da realidade e às interdições e prescrições superegoicas, aos conflitos intrapsíquicos e intersubjetivos. Em todos os casos, verifica-se a fragilidade e a má formação do eu e, para todos, será imprescindível uma psicanálise voltada para a constituição ou reconstituição do eu (ou *self*) a partir das suas origens mais arcaicas, suas raízes sensoriais e corporais. É neste contexto que a "clínica do sensível" se mostra indispensável, o que será claramente demonstrado nos textos que se seguem.

Para finalizar, posso dizer que escrever o pequeno prefácio desta coletânea me deixou particularmente satisfeito, seja pelo apreço que tenho pela produção de Ivanise, seja pela relevância que reconheço em sua linha de pesquisa. Tenho certeza de que os leitores concordarão comigo: a chamada "psicanálise do sensível" e a problemática da reconstituição do *self* – ou "descoberta de si mesmo", nas palavras da autora – estão na ordem do dia da psicoterapia psicanalítica, também denominada de "psicanálise complicada" pelo mestre de Ivanise, Pierre Fédida. O livro nos ajuda a descomplicar um pouco, ainda que evitando simplificações, assunto tão complexo.

Boa leitura.

*Luís Claudio Figueiredo*
São Paulo, dezembro de 2016.

# Introdução

O ponto-chave que une a temática do livro é o estudo do ego. Diante das patologias ditas "modernas" ou, como bem as denomina Júlia Kristeva, "as novas doenças da alma", o que está em questão é a necessidade de consolidação de um ego, ainda com falhas básicas. As organizações narcísicas nos dão mostra disso. Ao contrário do que parece, a qualificação "narcísica" dada a essas organizações (que incluem as adições, os casos-limite, as psicossomatoses e certos quadros de depressão) indica a insuficiência do narcisismo constitutivo do si mesmo.

Estou, portanto, em pleno acordo com Freud quando este dizia que o futuro da Psicanálise, a sua tarefa maior, seria a compreensão do Ego. Ele estava anunciando, desde 1917, que as patologias que viriam assolar a civilização seriam as narcísicas.

A transferência é um fenômeno humano surpreendente. Nela o paciente reproduz perante nós, com clareza plástica, uma parte importante da história de sua vida, reencarnando em seu analista personagens do passado. Essa ainda é a maior descoberta freudiana e de uma eficácia inigualável. O manejo desse instrumento essencial é o que diferencia, inclusive, a Psicanálise de outras terapias. Na clínica atual das psicopatologias contemporâneas a transferência se apresenta como mola mestra do tratamento. Através das memórias corporais que retornam na situação analítica os pacientes têm a oportunidade de um Novo Começo (*"new beginning"*, para M. Balint), sendo ajudados, através da transferência, a reconstruir o caminho que vai do ego corporal ao ego psíquico.

Venho denominando Psicanálise do sensível a esse resgate do corpo sensível na Psicanálise. Posso considerar que uma evolução da teoria e técnica psicanalítica, privilegiando o conhecimento sobre as etapas da formação da consciência de si, encontra-se nas obras de D. Anzieu, F. Tustin, P. Fédida, G. Haag, J. Kristeva, entre outros. Segundo eles, a repetição na sessão analítica das primeiríssimas relações afetivas com suas falhas capacita o analista a desempenhar uma função maternante, produzindo a transformação psíquica fundamental, com os elementos corporais incluídos.

Minha tese de doutorado na Universidade Paris 7, em 1998, foi justamente sobre a memória corporal despertada pela transferência. Tendo sido orientada por Pierre Fédida, que considero um autêntico ferencziano, pude apreender a pertinência de sua noção de transferência como regressão alucinatória. Daí podemos dizer que o fenômeno transferencial é o lugar de reconstrução silenciosa do ego.

Há uma frase do psicanalista J. B. Pontalis, em seu livro "A força da atração", que gosto muito: "O mais estranho no fenômeno é que o que se repete na transferência não teve lugar, não encontrou lugar psíquico. Nós repetimos sem texto." Na verdade, é o corpo que se apresenta com suas sensações em busca ainda de um envelopamento para constituir uma pele-psíquica, ou um eu-pele.

Claro que estamos no território do afeto, assim concebido por Freud, e não ainda no da representação, que virá depois.

Numa série televisiva intitulada "Compulsões", no canal GNT, documentário do cineasta João Jardim (primeiro semestre de 2016), do qual fui uma das consultoras, foi possível evidenciar, através dos relatos dos entrevistados (adictos de comida, álcool, drogas, jogos, dinheiro etc.), a ameaça que sentiam nos tempos mais tenros de sua infância sobre a continuidade da existência. Daí a necessidade de forjarem um ego, para se manterem "envelopados", crentes que possuíam egos, cada vez mais precisando de aditivos para se sentirem inteiros. A operação matemática era sempre adicionar, e nunca subtrair. Essa "garantia" de consistência tende a não se sustentar e a ajuda analítica se faz necessária para a aquisição de um eu.

Um outro aspecto que desenvolvi, este como prevenção, foi um livro em coautoria intitulado "Virando gente – a história do nascimento psíquico", com um DVD anexado (publicado em 2014 por esta mesma editora Ideias & Letras). O curta de animação de 10 minutos apresenta as principais cenas da evolução do surgimento do eu. É a história contada pelo bebê Bruno sobre as experiências corporais desde sua gestação até cerca de 1 ano e 3 meses para alcançar a discriminação eu/não eu e sentir que *virou gente*.

O objetivo das autoras foi ressaltar a importância do corpo sensível na origem do psiquismo. Ali estão os princípios a serem seguidos pelos cuidadores para que os bem pequenos possam adquirir um ego mais integrado sem precisarem adicionar algo artificial mais tarde.

Nesta nova coletânea de 10 artigos (2008 a 2016)[2] apresento, portanto, a evolução de noções psicanalíticas a respeito de temas essenciais na clínica contemporânea. Colocando o corpo no centro do estudo, procuro resgatar sua importância na construção do psiquismo.

Os dois últimos artigos tratam do autismo, considerado aqui uma das falhas mais graves na formação da continência. O objetivo é uma efetiva contribuição para as questões da inclusão da criança autista nos meios de ensino.

Desejo a todos uma boa leitura desta coletânea de artigos sobre a descoberta de si mesmo numa visão da Psicanálise do sensível[3].

---

2  A primeira coletânea de 10 artigos foi publicada com o título "Psicanálise do sensível – fundamentos e clínica", em 2010, pela editora Ideias & Letras.
3  Este texto de introdução ao livro foi extraído de uma entrevista dada à editora Morgana Rech do Caderno de Ideias do Instituto Cultural Freud, por ocasião do curso por mim ministrado nessa instituição no Rio de Janeiro com o título "A transferência nas organizações narcísicas - casos clínicos a partir de uma Psicanálise do sensível", publicada em 28 de setembro de 2016.

# 1

# A construção do ego corporal – fundamentos de uma Psicanálise do sensível[4]

Reconhecer a dimensão do corpo na constituição primordial do psiquismo é o objetivo desta apresentação. Diante das angústias precoces de liquefação, de explosão ou de queda sem fim, o bebê humano necessita construir um ego corporal que garanta sua existência psíquica. Com a contribuição das obras de F. Tustin, G. Haag, D. Anzieu e P. Fédida, as psicopatologias, cujo denominador comum é uma precariedade nessa organização egoica, ganham uma melhor compreensão. As personalidades aditivas, as psicossomatoses e os casos-limite são, portanto, tratados sob a ótica de uma Psicanálise do sensível.

A pergunta que se coloca é:

---

[4] Trabalho apresentado na Formação Freudiana, no Ciclo de Palestras "Precariedades", Rio de Janeiro, 2008.

A partir de que combinação de fatores, o bebê por volta de 4/5 meses, até cerca de 1 ano apresenta uma primeira consciência de um eu, diferenciado do mundo? É preciso, sem dúvida, admitir um nascimento psicológico. M. Mahler, na frase de abertura de seu livro "Nascimento psicológico da criança", afirmava que o nascimento biológico do homem e o nascimento psicológico do indivíduo não coincidem no tempo. O primeiro é um evento bem delimitado, dramático e observável (a data de nosso aniversário); o último é um processo intrapsíquico de lento desdobrar. G. Haag fala em "substância psíquica" que iria se formar a partir da passagem do bebê por uma série de experiências com seu próprio corpo.

Vemos que a simbiose normal não implica apenas numa fusão com a mãe, em que somos engolfados, mas num longo processo, complexo e indispensável para a construção de um ego corporal. Há que se falar, portanto, em "gestação psíquica" para que haja um "nascimento psíquico".

Proponho uma breve descrição do que seria o eixo central do que estamos aqui denominando "nascimento psíquico", cuja origem estaria no corpo:

Em direção a adquirir um primeiro sentido de existir, o bebê vai precisar alcançar uma consciência de separação física da mãe. É importante frisar essa referência ao físico. F. Tustin (autora inglesa reconhecida por sua pesquisa sobre autismo) salienta, em sua obra, tratar-se inicialmente da separação entre corpos. Sair da unidade-dual para perceber a existência de um eu e de um não eu é a trajetória inicial para o desenvolvimento de um psiquismo. De início, portanto, ego corporal para construir um ego psíquico.

O cerne da questão está em que o bebê normal, com uma mãe responsiva (assim nomeada por F. Tustin), vai precisar adquirir gradativamente essa consciência de que existem dois e não um só. Digo gradativamente porque o bebê vai oscilar entre uma ilusão de continuidade física e uma quebra da continuidade corporal. Oscilação essa necessária para que ele se assegure de uma possibilidade de separação não catastrófica. Para constituir um ego corporal é preciso ter vivido uma experiência inicial que garanta a continuidade do existir. Isto porque, nos tempos mais precoces, estamos diante de angústias corporais provocadas pelas sensações de liquefação, de explosão ou de queda sem fim. Essas angústias impensáveis caracterizam o bebê humano e colocam, portanto, a necessidade de se sentir envelopado ou contido inicialmente pelo corpo da mãe.

A dependência nesse momento é absoluta, como diria D. W. Winnicott, e vital para se estabelecer uma ilusão de continuidade física mãe-bebê. Essa é a condição necessária para ele enfrentar a gradativa separação corporal, ou a saída dessa unidade-dual. A angústia de esvair-se (o corpo humano é constituído por 70% de fluídos corporais) ou de explodir através da sensação dos gases intestinais pode ter um apaziguamento se houver um envelope de contenção fornecido pela capacidade da mãe de exercer uma continência.

Enumero aqui uma lista dos elementos corporais cruciais para a integração que resulta num nascimento psíquico: o ritmo de vai e vem do olho no olho e do bico do peito na boca, o suporte costas-nuca-cabeça, o envelope verbal suave, a dobra do som, as junções intracorporais (unir as duas metades do corpo em torno da coluna vertebral), a noção de esqueleto interno, as articulações corporais e a experiência tátil.

## A pele

S. Freud aparece como precursor, em 1923, novamente em seu texto "O Ego e o Id", ao chamar a atenção para a questão da superfície do corpo – a pele. Ele não só postula que o envelope psíquico se origina por apoio ao envelope corporal, mas que é na pele que o ego aprende o psíquico, ou seja, a pele ensina o ego a pensar.

Por fornecer justamente uma percepção externa e uma percepção interna (Freud faz alusão ao fato de que eu sinto o objeto que toca minha pele ao mesmo tempo em que sinto minha pele tocada pelo objeto) pode-se pensar que essa bipolaridade tátil prepara o desdobramento reflexivo do ego. A experiência tátil seria por assim dizer modelo da experiência psíquica e, portanto, faz todo o sentido postular, como o fez Freud, que o ego é uma projeção mental da superfície do corpo.

Para D. Anzieu, o tátil, em relação a todos os outros registros sensoriais, possuiria uma característica distinta que o coloca não somente à origem do psiquismo mas também que, segundo ele, lhe permite fornecer ao psiquismo permanentemente alguma coisa que pode se chamar de fundo mental (ANZIEU, D., 1989, p. 95).

Winnicott usava com frequência a expressão "sob domínio do ego". A pessoa consegue colocar sua experiência sob domínio do ego, dizia ele (1971). Porém, isto significa possuir um ego que contenha seus conteúdos psíquicos.

## Complemento: A história do nascimento psíquico[5]

Uma breve história:
- Como nasce o psiquismo?
Vou narrá-la:
Temos uma data de nascimento – nascimento biológico – mas não temos a data de nosso nascimento psíquico. Ele é um lento desabrochar e ocorre nos primórdios da vida.

Uma série de aspectos corporais estará em jogo para que, num determinado momento, o bebê realize a discriminação eu/não eu. É um "trabalho" que o bebê terá de realizar.

Então, contando a história:

Sabemos das experiências de prazer do bebê, mas são as sensações de angústia que vão levá-lo a precisar se assegurar de sua existência. Três são consideradas precoces: liquefação, explosão e queda sem fim.

Entre 4 e 5 meses um esboço de eu começa a surgir a partir das experiências de continência dessas angústias, através do próprio corpo do bebê e do corpo de sua mãe.

E aqui, continência é a palavra-chave.

Veremos logo o porquê:

No seu próprio corpo o bebê sente tubos, canos, levando o leite ao centro de sua barriga. Percebe que tem interiores, não derrama, não vaza. Um pouco depois sua coluna vertebral garante também a soldadura das duas metades do corpo. Em torno desse eixo o corpo se organiza e com a pele, esse envelope tátil, o bebê se certifica que pode

---

[5] Este pequeno texto apresenta as ideias básicas do livro "Virando gente – a história do nascimento psíquico", publicado em 2014 pela editora Ideias & Letras, de autoria de Ivanise Fontes, Maria Cândida Soares, Maísa Roxo e Sara Kislanov, com colaboração da psicóloga Denise Morsch.

conter vísceras, sangue, ossos, enfim seus conteúdos físicos. Simultaneamente, com o corpo de sua mãe, terá a interpenetração do olhar, o tátil das costas (colo com apoio da nuca/pescoço/costas), o bico do peito na boca e a ondulação da voz materna. Esses aspectos, envolvendo ritmo de "vai e vem", fornecerão sensações de sustentação para alívio das angústias impensáveis, como diria Winnicott. Não há mais o risco de "dissolver", "explodir" ou de "cair no nada".

Tudo isso cria um "em torno" do bebê, um envelope envolvente, fazendo nascer o que D. Anzieu chama de eu esférico.

Com a experiência corporal de continência o bebê se sente um recipiente com interiores e a discriminação eu/não eu se efetiva (a boneca russa Matrioska demonstra essa experiência de continência com as inúmeras bonecas que se encaixam umas dentro das outras).

Está colocada, então, a condição para surgir o psiquismo, o bebê tendo vivido a experiência de ser contido e de conter.

Agora, evoluindo em seu processo de nascimento psíquico, o bebê vai fazer analogias, de forma cada vez mais frequente, entre sua experiência de continência e as partes de seu corpo que equivalem a isso. Apresento aqui alguns exemplos com o próprio corpo:

- A mão na boca: com a sensação de penetração da mão no côncavo da boca. São os Teatros da boca formulados por D. Meltzer ou o Teatro das mãos ou a iniciativa de observar a mão a uma distância próxima do rosto, sua concavidade e a possibilidade de segurar objetos. Também a observação da mão espalmada e os contornos entre os dedos. Essa seria uma analogia com os pontos de retorno da troca de olhar.

- Outro exemplo vem confirmar: o estômago é percebido como uma bolsa, que contém o alimento e, portanto, é um recipiente.

Essas analogias se estendem também aos objetos. Todas as possibilidades de encaixe serão bem-vindas. O interesse do bebê se amplia e ele passa a ver nos objetos a analogia com conter e ser contido – tampas de canetas, brinquedos de encaixar pinos em buraco etc.

Se esse desenvolvimento se cumpre a contento, o bebê estará pronto para novas simbolizações mais desenvolvidas que envolvem o brincar e o falar. Poderá, então, narrar, contar histórias, chegando então à aquisição da palavra.

# 2

# Desde Winnicott – reflexões sobre a dimensão corporal da transferência[6]

Cada vez são mais evidentes os aspectos ressaltados por Winnicott no que diz respeito à clínica analítica contemporânea. Pretendo destacar dois pontos que julgo cruciais dentro dessa perspectiva e apontar alguns autores que vêm trabalhando dentro da mesma intenção.

Na teoria winnicottiana, encontramos:

1) O aprofundamento do estudo sobre o desenvolvimento emocional primitivo.
2) A ênfase na regressão dentro do processo analítico.

Cada um desses pontos merece destaque quando tratamos dos chamados pacientes "modernos". Na denominação de Julia Kristeva, os "novos doentes da alma" são os casos-limite, as personalidades aditivas, os somatizantes e certos quadros de depressão.

---

6 Comunicação feita no XVIII Encontro Latino-americano do Pensamento de D. W. Winnicott, com o tema "Winnicott contemporâneo", Rio de janeiro, novembro de 2009.

Em seu texto de 1954, "Aspectos clínicos e metapsicológicos da regressão no contexto psicanalítico", Winnicott já nos chamava a atenção para uma terceira categoria de pacientes (a primeira e a segunda faziam parte da Psicanálise tradicional), cuja análise deveria lidar com os estágios iniciais do desenvolvimento emocional. À diferença da neurose, o *status* de unidade nesses casos ainda não foi adquirido. Estamos, portanto, diante de um grupo de pacientes onde o ego não é uma entidade estabelecida. O trabalho de interpretação perde seu efeito, segundo ele, tendo em vista depender, para seu uso, de que os estágios iniciais do desenvolvimento do ego sejam um fato consumado (WINNICOTT, D. W., Formas clínicas da transferência, 1955/56, p. 393).

Foi o impasse que a clínica analítica contemporânea enfrentou nas últimas décadas, precisando rever sua técnica e admitir um recuo aos primórdios do ego. Fez-se necessário um retorno à noção de regressão.

Numa entrevista de 1995, Pierre Fédida, psicanalista francês, retoma a importância da regressão e declara: "Se digo, por exemplo, que quero trabalhar sobre a regressão, posso observar que se fala muito dela até 1960 e depois entre 1960 e 1990 não se fala mais sobre isso. Por quê? E por que se começa novamente a falar sobre isso em 1990?".

Começa-se a falar, diz ele, a partir da importância dada a casos que, antes, não eram considerados psicanalíticos, as personalidades regressivas, muito regressivas.

Mas como seria este trabalho de resgate de uma sensorialidade precoce em direção a uma construção psíquica, onde a capacidade representativa (precária nesses pacientes) fosse alcançada?

Cabe aqui tecer algumas considerações sobre o primeiro ponto levantado: o desenvolvimento emocional primitivo.

A construção do ego corporal é condição para que se dê um nascimento psíquico. Com M. Mahler (1977) aprendemos que o nascimento biológico e o nascimento psíquico não coincidem no tempo. O primeiro tem data precisa e o segundo é um lento desabrochar, a partir das experiências corporais vividas pelo bebê.

Para Winnicott a construção do ego é silenciosa. Podemos pensar, então, em processos corporais em ação desde a etapa da dependência absoluta levando à construção de um primeiro senso de existir. G. Haag, psicanalista francesa voltada para a observação de bebês e a clínica do autismo, refere-se a uma "gestação psíquica", defendendo essa necessidade de um aprofundamento do estudo das primeiras etapas de formação do ego corporal.

As angústias mais precoces provocadas pelas sensações de liquefação, de explosão ou de queda sem fim só podem encontrar apaziguamento quando o bebê se sente envelopado ou contido inicialmente pelo corpo da mãe. Uma experiência corporal que garanta a continuidade de existir é condição necessária no enfrentamento da diferenciação eu/não eu.

Sobre esse processo gradativo entre uma ilusão de continuidade física e a quebra da continuidade corporal, Winnicott nos ofereceu uma teoria e clínica bem fundamentadas.

As contribuições de autores como F. Tustin e G. Haag elucidam mais ainda o fato de que o corpo está na origem do psiquismo. Uma lista de aspectos corporais pode ser enumerada para o surgimento de uma "substância psíquica": o ritmo de vai e vem do olho no olho, do bico do peito na boca, da voz melodiosa da mãe, fornecendo uma "estrutura rítmica do primeiro continente", o suporte costas-nuca-cabeça, as junções intracorporais (unir as duas metades do corpo em torno da coluna vertebral), a noção de esqueleto interno, a experiência tátil, tendo na pele o primeiro modelo de processo reflexivo (o dentro e o fora). "A pele é de importância óbvia no processo de localização da psique no corpo, exatamente no dentro e fora do corpo", diria Winnicott em Natureza Humana (p. 143).

Freud assinalou que o ego é antes de tudo um ego corporal (O Ego e o Id, 1923). Winnicott usava com frequência a expressão "sob o domínio do ego" (1971). A pessoa consegue colocar sua experiência sob domínio do ego, dizia ele. Porém, isso significa possuir um ego que contenha os conteúdos psíquicos.

Sendo assim, o conhecimento aportado pelas autoras citadas, especialistas em autismo infantil e o pensamento de Winnicott sobre o desenvolvimento emocional primitivo podem servir de bússola na orientação dos fenômenos apresentados pelos pacientes adultos reputados difíceis. Esses estariam ainda imersos na necessidade de discriminação eu/não eu. O paciente poderá se beneficiar dessa construção através da dimensão corporal da transferência.

Passamos então a desenvolver o segundo ponto apontado no início do texto: a ênfase no processo de regressão em análise. E, citando Balint, o problema principal seria que tipo de relação objetal primitiva, possivelmente pré-verbal, deve o analista levar em consideração, aceitar, ou mesmo oferecer a seu paciente regressivo. Este autor postula uma nova tarefa para o analista implicada nesses casos: é preciso inativar a "falha básica" (1968), criando condições nas quais ela possa cicatrizar. Ele acreditava no poder cicatrizante da relação analítica, pautada na transferência. É o que denomina um "novo começo", devendo o analista sustentar o paciente como a água suporta o nadador.

A noção de transferência ganha uma nova dimensão. Passa a incluir um "precipitado de experiências psíquicas precoces" (Balint) e não somente uma reedição de representações recalcadas. É uma memória corporal que retorna despertada pela transferência. Esse foi o tema de minha pesquisa de doutorado defendida em 1998 na Universidade Paris 7 (A memória corporal e a transferência).

Sabemos, portanto, que nos casos onde o si mesmo ainda não é instância adquirida e, ajudados pelos aportes que as crianças autistas nos oferecem sobre a importância do corpo na constituição do psiquismo, vamos precisar ressoar o sofrimento do paciente, isto é entrar em ressonância (Fédida) com os aspectos mais primitivos em ação. Quando uma angústia de liquefação, das mais precoces, invade o sujeito, a incerteza quanto a possuir uma pele que contenha os líquidos de seu corpo instala uma sensação de derramamento, de perda e existência. Adquirir a experiência de continuidade física, pela constatação sensorial do funcionamento de tubos e canos digestivos, vai levá-lo à formação de uma pele psíquica ou eu-pele, como diria Anzieu. Os autistas estacionaram aí, criando uma cápsula, envelope artificial, justamente na falta dessa construção de um continente.

Nas palavras de Anzieu: "Se o que a técnica psicanalítica tiver de melhor for cobrir-nos, diante de nossos pacientes, de penas de pato, sobre as quais deixamos escorrer a água do amor ou do ódio que eles sentem por nós, demonstrando-lhes que ela desliza e não nos molha, nós os devolvemos sem qualquer socorro ao seu desamparo primeiro." E conclui: "A Psicanálise é com certeza um exercício de regressão."

Considerando o fenômeno da transferência como uma regressão alucinatória, inspirados nas postulações de Fédida, percebemos que muitas dessas angústias impensáveis (como as denominava Winnicott) vão pouco a pouco encontrando envoltório, pela continuidade e frequência do *setting* e capacidade imaginativa do analista de se oferecer como objeto primário.

Podemos reconhecer a situação transferencial como o espaço pertinente para a regressão, o analista representando para o paciente o encontro com uma esperada boa maternagem, aspectos corporais incluídos. Aqui as palavras do analista vão precisar encontrar uma maior capacidade sensorial.

Venho denominando Psicanálise do sensível essa tentativa de trabalhar a dimensão corporal da transferência. Por ser uma "inquietante estranheza" o fenômeno transferencial remete a pessoa do analista ao estado de "estranho familiar", favorecendo o tempo do retorno às experiências mais precoces, dos primeiros anos de vida.

Desde Winnicott temos o suporte para evoluir nas reflexões sobre a técnica na clínica analítica contemporânea. Junto a ele acrescento os pensamentos convergentes de M. Balint, D. Anzieu, P. Fédida, F. Tustin, J. Kristeva e G. Haag.

# 3

# A inquietante estranheza da transferência: convergências entre D. W. Winnicot e P. Fédida[7]

## Introdução

Numa jornada sobre clínica e técnica no pensamento de D. W. Winnicott, refletir sobre a transferência mostra-se pertinente por ser ela o instrumento analítico por excelência.

Em 1956a/2000, no seu texto "Formas clínicas da transferência", o autor identifica a necessidade de uma concepção ampliada da transferência, tendo em vista uma categoria de pacientes na qual o ego ainda não é uma entidade estabelecida. Ele afirma, de forma contundente, que nesses casos não existiria ainda uma neurose de transferência para a qual é certamente necessário um ego intacto, capaz de manter defesas e de assumir a responsabilidade sobre elas.

---
[7] Trabalho para tema livre da I Jornada Sobre o Pensamento de Winnicott – A Clínica e a Técnica, da Sociedade Psicanalítica do Rio de Janeiro, agosto de 2010.

Segundo ele, trata-se de um grupo de pacientes cuja análise deverá lidar com os estágios iniciais do desenvolvimento emocional, remota e imediatamente anteriores ao estabelecimento da personalidade. Nessa situação, o que está em jogo é a falha básica ocorrida nos tempos mais precoces do sujeito. O trabalho analítico adquire uma natureza especial porque o levantamento do recalque perde o lugar central no processo em proveito da retomada do desenvolvimento e da construção do psiquismo. Pela primeira vez, diria Winnicott, haveria a possibilidade, por meio do tratamento, do desenvolvimento de um ego, de sua integração a partir de núcleos egoicos, da sua consolidação como um ego corporal.

Atualmente os pacientes em questão, denominados "modernos", são as personalidades aditivas, os somatizantes, os casos-limite e certos quadros de depressão. Nesses casos, nos quais o ego ainda não é um fato consumado, a relação transferencial exige, portanto, novas considerações.

A partir dessa observação inicial, pretendo levantar, neste artigo, alguns aspectos convergentes entre o pensamento de D. W. Winnicott e o do psicanalista francês P. Fédida, no que diz respeito à transferência na clínica dos casos considerados "difíceis" e à regressão em análise.

## A noção ampliada de transferência

Em 1995, Fédida presidia em Toulouse (França) um colóquio intitulado "A inquietante estranheza". Em sua conferência, apresentou a formulação de que, no fenômeno transferencial, o analista vive o estado de "estranho/

familiar", sendo esta a condição de um retorno, para o paciente, às experiências mais precoces.

"É na transferência, pela transferência que se enuncia repetitivamente no presente o impronunciável do infantil" (1985, p. 178).

Assim, Fédida dava ênfase à insistência do infantil no atual do presente. Encontro aqui um diálogo possível entre esse autor e D. W. Winnicott pelo menos em quatro dos artigos deste último: Aspectos clínicos e metapsicológicos da regressão no contexto psicanalítico (1955d/2000); Formas clínicas da transferência (1956a/2000); O medo do colapso (1974/2005); e A importância do *setting* no encontro com a regressão na psicanálise (1989m/2005).

Ao falar sobre o colapso, Winnicott chama a atenção para a possibilidade de que ele tenha acontecido próximo ao início da vida. O autor nos surpreende afirmando que o paciente precisa "lembrar" um estado passado, que não pode ser lembrado porque ele não estava lá como um eu integrado. Diz o autor: "a única maneira de 'lembrar', neste caso, é o paciente experienciar esta coisa passada pela primeira vez no presente, ou seja, na transferência" (1989a/2005, p. 74). Enquanto na neurose de transferência o passado vem ao consultório, nesse tipo de trabalho, segundo ele, é mais correto dizermos que o presente retorna ao passado, e *é* o passado.

Fédida, apoiando-se em Freud, afirma que a transferência dispõe de uma memória alucinatória regressiva que vai buscar as formas vivas de um passado anacrônico por meio da presença, do analista em pessoa. Garantir a situação analítica corresponderia à tarefa do analista de manter essa posição de estranho íntimo – que é a condição temporal de essencial dissimetria (1996).

Segundo ele, analista e analisando são remetidos ao que denominava inquietante estranheza da transferência. O próprio daquilo que chamamos transferência, dizia, está em constituir um fenômeno *unheimlich*. Ela favoreceria extraordinariamente a instauração das mais refinadas manifestações. Essa seria a razão pela qual analista e analisando são colocados em uma situação em que os movimentos regressivos poderão ter lugar, níveis sensoriais incluídos. Essa modalidade de comunicação será explorada por ele e é título de um de seus artigos: "Modalités de la communication dans le transfert et moments critiques du contretransfert" (1986).

Podemos aqui relembrar que, para Freud, *das unheimlich* significava, na verdade, nada de novo ou de estranho, mas sim algo que seria para a vida psíquica familiar desde sempre e que só se tornou estranho a ela pelo processo de recalque. Considerando que o analista ocuparia justamente esse sítio do estrangeiro, como bem o denominou Fédida, essa seria a possibilidade de que sua "estranheza familiar" pudesse oferecer ao paciente a revivescência de suas experiências traumáticas.

Portanto, precisamos considerar uma dimensão corporal da transferência, no tocante a um retorno de experiências primitivas, anteriores à aquisição da palavra, a que Fédida nomeava, de forma pertinente, uma "regressão alucinatória". Freud usara essa mesma expressão – regressão alucinatória – para o sonho, mas ao identificarmos essa dimensão, em que o arcaico, o transverbal, ressurge pelo fenômeno transferencial, podemos compreender o que Fédida queria dizer.

Dessa forma o caráter enigmático da transferência poderia ser elucidado, tendo em vista que até mesmo Freud, em seu texto "Esboço da Psicanálise", mostrava sua perplexidade: "Nós não nos surpreendemos o bastante com o fenômeno da transferência. É algo bem estranho o analisando reencarnar em seu analista um personagem do passado" (1938, p. 202).

## A regressão em análise

Numa entrevista de 1996, Pierre Fédida retoma a importância da regressão e declara:

"Se digo, por exemplo, que quero trabalhar sobre a regressão, posso observar que se fala muito dela até 1960 e depois entre 1960 e 1990 não se fala mais sobre isso. Por quê? E por que se começa novamente a falar sobre isso em 1990?" (1997, p. 68).

Começa-se a falar, diz ele, a partir da importância dada a casos que, antes, não eram considerados psicanalíticos, as personalidades regressivas, muito regressivas.

Em seu livro "Dos benefícios da depressão: elogio da psicoterapia", Fédida refere-se à Winnicott em diversas passagens. A necessidade de repensar a regressão nos pacientes deprimidos e o fenômeno da transferência analítica nesses casos leva à aproximação de suas teorias. Ele reconhecia que o analista inglês deixara um legado inestimável com sua defesa da importância da regressão em análise.

Considerando o fenômeno da transferência como uma regressão alucinatória, inspirados nas postulações de Fédida, percebemos que muitas dessas angústias impensáveis, como as denominava Winnicott, vão pouco a pouco encontrando envoltório, pela continuidade e frequência do *setting* e pela capacidade imaginativa do analista de se oferecer como objeto primário.

Podemos reconhecer a situação transferencial como o espaço pertinente para a regressão, o analista representando para o paciente o encontro com uma esperada boa maternagem, aspectos corporais incluídos. Aqui as palavras do analista precisarão encontrar uma maior capacidade sensorial.

Nessa mesma direção, Winnicott afirma: "É como se houvesse uma expectativa de que surjam condições novas, justificando a regressão e oferecendo uma nova chance para que o desenvolvimento ocorra, esse mesmo desenvolvimento que havia sido inviabilizado ou dificultado inicialmente pela falha do ambiente (1955d/2000, p. 378).

A ênfase cai, portanto, no conceito de regressão. Fez-se necessário acompanhar o paciente que não teve experiência, para que vivesse, na experiência analítica, a função que faltou.

E Fédida acreditava que graças à força de imaginação analógica e metafórica do analista que o paciente pode tirar proveito terapêutico de sua regressão no tratamento (1994).

Diante das angústias desmedidas, revividas nos momentos de crise, os pacientes depressivos solicitam do analista que ele se torne uma forma plástica – um molde –, segundo Fédida, próprio para receber o estado informe no qual eles se sentem. Alguns pacientes vivem a ameaça de se desmanchar no divã.

"A forma corporal que toma a aparência do deprimido impõe a imagem do leito da depressão" (Fédida, 2002, p. 92). Ao dizer isso Fédida admite que a imagem é bastante winnicottiana: o analista não hesita em reforçar a ilusão regressiva da proteção quente de um divã (almofadas, mantas etc.).

Podemos pensar que essa dimensão é oferecida pela presença viva do analista. A psicoterapia analítica, pelo processo que desencadeia, constitui exatamente uma reanimação desse vivente psíquico inanimado. Portanto, o que está em jogo no tratamento é o tempo da regressão, definido por Fédida como o tempo de retorno das experiências psíquicas corporais anteriores, especialmente dos primeiros anos de vida. Em sua publicação "Por onde começa o corpo humano: retorno sobre a regressão" (2001) ele dá ênfase à retomada da noção de regressão (que caiu em desuso pelos analistas), justamente em razão dos casos reputados difíceis.

Esse ponto de vista comum aos dois autores coloca-os diante das dificuldades inerentes à técnica analítica. Se, por vezes, a tarefa parece simples, por ser uma experiência demasiadamente humana – a de ressonância íntima com o outro –, o que entra em questão é "a percepção do analista de sua própria membrana de ressonância" (Fédida, 2002, p. 32).

Nessa perspectiva Winnicott chama atenção para o fato de que esse trabalho é não apenas difícil, mas absorve uma grande quantidade da capacidade de investimento psicoenergético do analista. Aconselha a condução de dois ou três casos, mas não quatro, ao mesmo tempo.

Para Fédida, é com esses pacientes que se amplia a "clinicidade" do analista.

Cabe ainda observar que ambos os autores consideram que a cura do estado deprimido encontra-se na aquisição de uma capacidade depressiva, ou seja, das potencialidades da vida psíquica (a subjetividade dos tempos, a interioridade, a regulação das excitações etc.). Fédida acrescenta: "os pacientes deprimidos só podem curar-se se forem ajudados a entrar em contato com seus mortos" (Fédida, 2002, p. 97).

Fédida declara que o que gostaria de reter de muito bom grado da prática psicoterápica de Winnicott com os pacientes deprimidos seria a maneira de interiorizar, por meio de imagens vivas e cada vez mais intensas, o mal que o paciente sofre em sua depressão.

## Comentário final

É importante ressaltar que cerca de quarenta anos separam as obras de D. W. Winnicott e P. Fédida. Dois psicanalistas, um inglês, o outro francês, envolvidos fundamentalmente com a eficácia clínica da Psicanálise e afinados no aperfeiçoamento da técnica analítica. Nesse sentido suas contribuições tornam-se preciosas e a semelhança de seus pontos de vista nos fornece a perspectiva de uma Psicanálise mais sensível.

# 4

# D. W. Winnicott e a noção de ego corporal – um novo prisma[8]

## Introdução

Quando John, menino autista de 5 anos, revelou à F. Tustin aquilo que seria por ela considerado a pista do autismo – o buraco negro – ela ainda não sabia que Winnicott já falara, em 1963, dessa sensação de perda da parte do corpo, da boca amputada.

Inicio essa apresentação reproduzindo relato da própria Tustin numa entrevista dada ao psicanalista francês D. Houzel, em fim de sua carreira.

"Levei um ano para constatar que não havia traído M. Klein, que não era heresia o que havia descoberto através de John. Alguns freudianos clássicos vieram me perguntar se eu não conhecia o que Winnicott escrevera a esse respeito. Eu não tinha jamais lido uma linha de Winnicott. Nós

---
[8] Comunicação feita no XVI Colóquio Winnicott Internacional – "A Ética do Cuidado", São Paulo, maio de 2011.

não estávamos autorizados a ler Winnicott nessa época. Ao ler seu texto *Os doentes mentais na prática clínica*, eu pensei 'É isso, foi exatamente isso que eu observei!'. Era a descrição justa!".

Trecho de Winnicott: "...a perda pode ser de certos aspectos da boca, que desaparece do ponto de vista do lactente junto com a mãe e o seio, quando há uma separação em uma data anterior àquela na qual o lactente alcançou um estágio do desenvolvimento emocional que propiciaria para ele o equipamento para lidar com essa perda"[9].

Dentro de um colóquio sobre a Ética do cuidado penso que o tema da acuidade clínica é pertinente. Nesse relato de F. Tustin, podemos observar que a experiência clínica, ou melhor, aquilo que o paciente apresenta, ocupa valor primordial. Deslocar-se de uma rigidez de constructos teóricos estabelecidos para investigar aspectos novos que o sofrimento do paciente revela, remete, a meu ver, à ética do cuidar.

Temos nesse sentido o percurso analítico de M. Little, por ela descrito, com três analistas. Ela reconhece e explicita a fidelidade à teoria kleiniana de Ella Sharpe, uma das análises, e seu insistente trabalho interpretativo sobre o Édipo. Havia, no entanto, uma necessidade de incursão nas etapas mais primitivas do desenvolvimento, que só foi possível pela escuta diferenciada de Winnicott.

Quero, portanto, ressaltar que pensar a noção de ego corporal, como pretendo fazer aqui, apoiada nas postulações winnicottianas, oferece uma contribuição ímpar. Trata-se justamente de identificar melhor qual etapa emocional está

---

9   WINNICOTT, D. W. Os doentes mentais na prática clínica (1979). In: O ambiente e os processos de maturação, São Paulo: Editora Artmed, 1983, p. 196-206.

em questão em cada paciente. Essa ampliação do olhar clínico só surgiu a partir das observações de analistas que julgaram necessário abrir mão de portos teóricos seguros.

Em texto recente, C. Plastino esclarece que: "Para os que se posicionam teoricamente contra a centralidade do Édipo na teoria e na clínica, dita centralidade exige, para sustentar-se teoricamente, praticar um forte reducionismo sobre os fatos, ignorando a qualidade emocional de muitos deles ao comprimi-los ao interior de estruturas de pensamento que não lhe são adequadas. Acrescentando ainda que essa cegueira teórica para qualidades de experiências que são irredutíveis à angústia de castração, se reproduz na clínica como surdez face a sofrimentos que não emergem dessa angústia, mas de outras, mais arcaicas e radicais" (Clínica, técnica e teoria: uma relação complexa).

## A noção de ego corporal sob novo prisma

Para Winnicott, na década de 1950, a análise de pacientes não neuróticos colocava impasses teórico-clínicos. Em seu texto de 1954, "Aspectos clínicos e metapsicológicos da regressão no contexto psicanalítico", ele já nos chamava atenção para uma terceira categoria de pacientes (a primeira e a segunda faziam parte da Psicanálise tradicional), cuja análise deveria lidar com os estágios iniciais do desenvolvimento emocional. Diria: "vamos precisar recuar aos primórdios do ego".

E o que são os primórdios do ego, ou o ego inicial? Em "Preocupação materno-primária" (1956) afirma: "A construção inicial do ego é silenciosa. Sua referência ao corpo fica aqui subentendida, o processo não é da ordem da linguagem e vai sendo construído em silêncio.

Podemos pensar, então, em processos corporais em ação desde a etapa da dependência absoluta levando à construção de um primeiro senso de existir.

Freud assinalou que o ego é antes de tudo um ego corporal (O Ego e o Id, 1923). A partir dessa noção o pensamento winnicottiano se ampliou, levando a pensar que a construção do ego corporal é condição para que se dê um nascimento psíquico.

Quando Winnicott mencionava o papel do corpo nesse desenvolvimento mais primitivo do ego, ele enfatizava uma implicação inerente ao próprio processo. O corpo estava não somente na origem do psiquismo como faria parte da construção do ego. Saía assim do dualismo corpo/mente, tornando caduca essa distinção.

Algumas noções da obra winnicottiana foram selecionadas por mim para evidenciar a temática aqui apresentada.

Conhecemos seu interesse por uma "histologia da psique", como denominou em "Natureza humana". Ressaltava a necessidade de "localização da psique no corpo". Por vezes alterava a expressão para "a morada da psique no corpo" ou a "habitação da psique no corpo", sempre remetendo ao estado de personalização, onde o indivíduo se reconhece no próprio corpo. Ao contrário da despersonalização que, segundo ele, seria o rompimento dessa integração.

Winnicott acrescenta a pele: "A pele é de importância óbvia no processo de localização da psique no corpo exatamente no dentro e fora do corpo", em "Natureza humana" (p. 143). Estava assim plenamente de acordo com a afirmação de Freud, "o ego é a projeção mental da superfície do corpo", de 1923 (O Ego e o Id). Segundo Winnicott a coexistência entre psique e soma seria fortalecida pela experiência das sensações da pele e do erotismo muscular.

Denominava psicossoma (A mente e sua relação com o psicossoma, 1949) essa integração entre psique e soma, como elementos intimamente interligados. "A existência humana é essencialmente psicossomática".

Nesse processo de localização da psique no corpo, como diria Winnicott, o bebê começa a experimentar movimentos espontâneos e se torna dono das sensações correspondentes a essa etapa inicial da vida. Segundo ele, a princípio trata-se de necessidades corporais, que gradualmente transformam-se em necessidades do ego à medida que da elaboração imaginativa das experiências físicas emerge uma psicologia (Preocupação materna primária, p. 403).

Aqui gostaria de me deter porque essa formulação original de Winnicott, dita de outra forma por ele mesmo: "A psique começa com a elaboração imaginativa da função dos órgãos", vem confirmar justamente a importância do corpo na constituição do psiquismo.

As angústias impensáveis, diria Winnicott, de liquefação, de explosão e de queda sem fim vão precisar da certeza de um corpo que as contenha. Há a necessidade de se sentir envelopado, de início pelo corpo da mãe e depois, entre outros fatos, pela sensação de tubos digestivos que garantam uma continuidade interna. Uma experiência corporal que garanta a continuidade de existir é condição necessária no enfrentamento da diferenciação eu/não eu.

Evoluindo em seu processo de nascimento psíquico, o bebê vai fazer analogias, de forma cada vez mais frequente, entre sua experiência de continência e as partes de seu corpo que equivalem a isso.

Por exemplo: o estômago é percebido como uma bolsa, que contém o alimento e, portanto, é um equivalente simbólico no corpo desse recipiente que é o ego. Winnicott tinha razão: dessa elaboração imaginativa de uma função somática nasce uma simbolização, um psiquismo.

Hoje, pelos trabalhos de analistas especializados no atendimento de crianças autistas e na observação de bebês – para citar duas autoras: F. Tustin e G. Haag –, sabemos que a construção do processo de simbolização primária começa pelo corpo. Somente a partir daí o desenvolvimento segue em direção às representações psíquicas e à linguagem, assegurando uma simbolização secundária. Se esse desenvolvimento se cumpre a contento, o bebê estará pronto para novas simbolizações, que envolvem o brincar e o falar.

## A clínica

Em 1955, no seu texto "Formas clínicas da transferência", o autor identifica a necessidade de uma concepção ampliada da transferência, tendo em vista uma categoria de pacientes onde o ego ainda não é uma entidade estabelecida. Ele afirma, de forma contundente, que nesses casos não existiria ainda uma neurose de transferência para a qual é certamente necessário um ego intacto, capaz de manter defesas e de assumir a responsabilidade pelas mesmas.

No mesmo texto fala explicitamente em ego corporal:

"Pela primeira vez na vida do paciente, há agora a possibilidade de desenvolvimento de um ego, de sua integração a partir dos núcleos egoicos, da sua consolidação como um ego corporal, e também um repúdio ao ambiente externo, dando início a uma relacionabilidade com os objetos" (p. 396).

O trabalho de interpretação perde seu efeito, segundo ele, tendo em vista depender, para seu uso, de que os estágios iniciais do desenvolvimento do ego sejam um fato consumado (Formas clínicas da transferência, 1955/6, p. 393).

Nesses pacientes chamados "modernos" temos a evidência da necessidade ainda da construção de um ego corporal, que não ficou efetivamente assegurado. Para a discriminação eu/não eu é preciso inicialmente um corpo que, contendo os conteúdos físicos, ensine ao ego como conter os conteúdos psíquicos.

Num colóquio sobre a ética do cuidado mostra-se pertinente ampliar a percepção do analista quanto aos processos psíquicos de cada paciente. Com a contribuição de Winnicott, a noção freudiana de ego corporal favorece a identificação, pelo analista, da etapa de desenvolvimento emocional em questão. Foi a partir desse novo prisma que outros desdobramentos surgiram na Psicanálise atual: o ego-sensação, de F. Tustin, a pele-psíquica, de D. Anzieu, e novamente o ego corporal e sua formação de continência, de G. Haag.

# 5

## Os envelopes artificiais de continência e a violência da falta de contato[10]

Violência não é um tema que eu esteja estudando diretamente, porém, ao receber o convite do Círculo Psicanalítico do Rio de Janeiro para participar do ciclo de mesas-redondas sobre "Violência e seus destinos na Psicanálise", logo constatei o fato de que venho tratando de outra violência, não tão explícita. Esta violência está na origem de boa parte das psicopatologias que consideramos contemporâneas, as chamadas organizações narcísicas, isto é, as personalidades aditivas, as psicossomatoses, os casos-limite e mesmo certos quadros de depressão. Trata-se aqui da violência da falta de contato.

Vou precisar começar por uma breve síntese sobre a construção do si mesmo, ou do que D. Anzieu chamou de "envelope psíquico".

Sabemos atualmente que para alcançar a discriminação eu/não eu, isto é, para nascer psiquicamente, o bebê humano

---

10 Participação na mesa-redonda intitulada "O corpo", no ciclo de mesas-redondas sobre "Violência e seus destinos na Psicanálise", no Círculo Psicanalítico do Rio de Janeiro, outubro de 2011.

vai precisar se certificar inicialmente de seu ego corporal. Essa experiência de continência física, ou melhor, essa certeza de que seu corpo contém suas substâncias, não vaza, não se liquefaz, não explode, só se dá através das inúmeras vivências, nessa mais tenra infância, de ser contido pelo corpo de mãe e depois pelo ambiente que o circunda.

Aqui, já estamos diante do ponto-chave para o que quero expor: essa continência resulta de experiências corporais que envolvem contato. E não se restringe ao contato tátil somente. Não é só na pele que isso se faz.

Com autores/psicanalistas especialistas em observações de bebês e na clínica de autismo aprendemos que um dos contatos vitais para começar a existir psiquicamente é o contato olho no olho. Essa ênfase na interpenetração do olhar vem se mostrando cada vez maior pela comprovação de que, no tratamento de crianças autistas (com mutismo), a fala é recuperada através da garantia de olhares doces e envolventes/penetrantes entre analista e paciente e não pela estimulação ou sensibilização da boca. Dentro desta perspectiva, podemos já imaginar os prejuízos dessa falha no contato inicial.

As experiências de sentir o contorno do corpo, de ter um "recipiente" que contém, necessitam da disponibilidade de quem cuida para manter-se em contato. Mas o que acontece se o olhar é deprimido, se a voz é monocórdica, se os braços que seguram são flácidos, sem tônus, se o bico do peito escapa mais do que penetra? O bebê vive o horror. É violentamente lançado no espaço vazio, na não existência, no "nada" ("cair no nada"), que, segundo G. Safra, é pior do que morrer. Segundo ele: "Morrer é mais fácil do que deixar de existir."

Concluindo este resumo sobre o momento crucial do nascimento psíquico é bom frisar que estamos diante das condições necessárias para a constituição do sujeito. Não há nada mais relevante, me parece.

Lembrando Freud que, no texto "Introdução ao narcisismo", de 1914, dizia: "O ego ainda não existe no princípio. O recém-nascido não tem ego... O ego terá que ser desenvolvido." Mas o que será preciso para tal?

Somente um ego que se constitua como um envelope continente de suas sensações, afetos, ideias, pensamentos pode se sentir um si mesmo. Pode-se falar aqui em "ego-bolsa".

D. Anzieu nos diz: "A pele envolve o corpo; por analogia com a pele, o ego envolve o psiquismo; por analogia com o ego, o pensamento envolve os pensamentos."

Vamos então falar da violência da falta de contato.

Quando o contato não é possível, temos que considerar o horror. Quer sofrer violência maior do que não poder se construir? A falta de contato provoca a ameaça de não conseguir nascer psiquicamente.

É desse "buraco negro" (F. Tustin), violento, que não somente as crianças autistas nos dão notícia, mas também os pacientes com ego mal consolidado nos apresentam.

P. Fédida tinha razão: é no autismo que temos um paradigma, ou fonte de modelização, para essas psicopatologias, que sofrem o risco de não existência. Seriam estes os "não nascidos psiquicamente".

E então, como garantir a existência possuindo um envelope tão poroso, um eu-pele "peneira ou escorredor" (como diria D. Anzieu), com riscos de esvaziamento de substância psíquica? Surgem aqui os denominados envelopes artificiais de continência. Diante de um ego lesado, é necessário construir uma prótese psíquica.

Na falta de um envelope corpóreo-psíquico o indivíduo lança mão, por exemplo, de um envelope de gordura (na obesidade) ou um sobrecorpo muscular (na vigorexia) e garante assim uma "segunda pele" (E. Bick), prótese de uma pele psíquica não adquirida.

Esses envelopes artificiais tendem a um esgotamento pela incapacidade de conter. Se, inicialmente, produzem formas de sensações "envelopantes", logo se apresentam insuficientes, requerendo novas doses de "peles" substitutivas.

Mas sabemos que é possível uma construção. É possível a busca de contatos efetivos para refazer a "falha básica" (M. Balint). É dela que estamos falando: a falta de contato que ocorreu nos primórdios da vida psíquica. Há possibilidades de um "novo começo", *"new beginning"* como dizia M. Balint.

Nós, analistas, não utilizamos técnicas diretamente corporais para fazer resgates desses contatos que faltaram. Mas temos esse instrumento incomparável que é a transferência. Ela é a possibilidade real de experiências de continência.

Para se dispor a conter o outro, no sentido aqui colocado, há que disponibilizar a capacidade de cuidar. Isso não se restringe a uma atenção imediata, a respostas atentivas ao paciente, mas inclui a "preocupação materno-primária" (D. W. Winnicott), o "sentir com" (S. Ferenczi), o "ressoar" o outro (P. Fédida) para sentir e identificar o que o paciente necessita. Não é tarefa simples.

Mas se o analista está no lugar de estranho/familiar que a transferência propicia, ele poderá exercer a função de continência que faltou. Daí admitirmos uma dimensão corporal da transferência. Esse trabalho envolve restabelecer a confiança no contato.

Todos nós procuramos entrar em contato. Mas para adquirir vida interna precisamos de contatos que tenham profundidade, que sejam "côncavos" para serem continentes. Isso fica demonstrado no quadro de "Santa Ana e a Virgem Maria" de Leonardo da Vinci – para exemplificar, observe o fato de que a Virgem está sentada no colo da mãe, Santa Ana, e assim pode trocar o olhar com seu bebê, o Menino Jesus.

Segundo D. Anzieu, o eu é esférico, mas para chegar a tal integração ele tem que ter sido sustentado por um recipiente côncavo, para vir a acreditar que ele próprio é um envelope.

Daí chegarmos à conclusão de que o analista precisa ser "côncavo" e, como tal, se dispor à experiência de ser um continente vivo. O paciente pode então deixar para trás o mundo de horror, resultado da violência da falta de contato.

## Caso clínico

H., com seus trinta anos, chega à entrevista de análise dentro de um quadro de sono permanente durante o dia, noites acordado em jogos de computador, e um namoro recém-terminado. Tinha a impressão de caminhar em cima de uma "aguinha", sentindo seus pés sempre sobre uma fina camada de água. Com essa descrição já identifico nele um processo de despersonalização, que, como define Winnicott, é quando alguém não se reconhece no seu próprio corpo.

Queria me contar sobre sua "bebezisse". Assim nomeia os primeiros tempos de sua infância, mas não sabe bem o que aconteceu. Posteriormente temos notícia de que a mãe deprimiu em todo o seu primeiro ano de vida. E, naquela época, sua avó conta que a mãe afirmava que "já podia morrer, tendo feito tudo o que tinha na vida a fazer: pari-lo!". Ele descreve insucessos frequentes e interrupções de escolaridade.

Fizemos um percurso inicial de três anos onde a frequência estável do *setting*[11] e minha vitalidade asseguravam que H. pudesse pouco a pouco deixar de ser um "bebê dormente", denominação dada por ele. Começa a identificar o sono com uma anestesia/adormecimento. Como dizia P. Fédida, o paciente vai precisar sair do estado inanimado para o animado.

Em posição face a face desvia o olhar e somente pouco a pouco estabelece a troca – olho no olho.

Há momentos críticos, como numa manhã em que, não conseguindo levantar da cama, me telefona, pedindo que o ajude. Visto-o, então, pelo telefone, começando pelos pés. Digo que coloque as meias, depois o tênis, a cueca, a bermuda, a camisa, numa sequência, recompondo o corpo por inteiro.

Fica atraído por música, resolve aprender a tocar trompete, surpreende-se com o som vivo que sai desse instrumento.

---

[11] Bick, E. em seu artigo "A experiência da pele nas primeiras relações de objeto", de 1968, afirma: a investigação analítica do fenômeno segunda-pele tende a produzir estados transitórios de não integração. Somente uma análise que persevere na elaboração meticulosa da dependência primordial do objeto materno pode fortalecer esta fragilidade subjacente. E acrescenta: devemos enfatizar que o aspecto continente da situação analítica reside especialmente no *setting*, sendo, portanto, uma área na qual a firmeza da técnica é crucial.

Sentia muitas vezes a impressão que iria desenvolver um câncer na boca, pelo consumo do cigarro. Lembro aqui do que li no artigo de G. Haag, "Teatro das mãos", sobre um bebê que ela nomeia Carlos. Aos dez dias de vida ele batia levemente no seio direito da mãe e formava um "pavilhão de trompete" com sua mão direita em torno de sua boca, mamando muito doce e lentamente. Depois ia deixando gradualmente sua mão esquerda assumir a forma de trompete e, de súbito, adormecia. Segundo essa autora, Carlos buscava a continuidade tátil reconfortadora, diante da possibilidade eventual de perder o bico do peito da boca.

H. expressa sua aflição muitas vezes dizendo que o que mais o aflige é "não ter um lugar para onde ir", "vivo num lugar nenhum", dizia ele. Inevitável aqui mencionar o título do livro de Donna Williams, autista, cujo livro ficou famoso: "Ninguém em lugar nenhum".

Tem dificuldades para acordar, como já mencionado anteriormente. Winnicott dizia que a cada novo dia é, no despertar, que localizamos nossa psique no corpo. A questão se complica, portanto, para quem não tem esse eu ainda constituído. Comento com ele: para acordar e levantar temos que nos "vestir" de nós mesmos, antes até de chegar ao espelho, precisamos lembrar quem somos[12].

A análise de H. transcorre, portanto, dentro de uma necessidade de cuidados relacionados à função maternante: saber de sua alimentação, do conforto de sua casa, sugerindo, por vezes, que tomasse vitaminas de frutas ou sucos, quando não conseguia comer, nem mastigar.

---

12 Winnicott em "Natureza humana" recomenda acordar com muito cuidado um bebê, porque nesse momento é quando a psique está menos no corpo.

Na medida em que vou apresentando sua psique a ele (Winnicott dizia: "Uma mãe com um bebê está constantemente apresentando e reapresentando o corpo e a psique do bebê um a outra"), traduzindo suas angústias corporais, ele percebe que quando afunda no sono deixa de existir. Faz comparações aqui com sua análise anterior: "Você não reza na mesma cartilha." Ela me dizia, comenta ele, que meu sono era uma covardia.

Então sonha:

"Está numa aeronave, com bancos laterais. Não há lugar para sentar-se a não ser assim, nenhuma poltrona individual. Há algo errado com o voo. O piloto avisa da necessidade de um pouso de emergência. Há riscos de queda, mas a aterrissagem se faz sem acidentes. E vai precisar trocar de aeronave. Percebe que é um voo para Belo Horizonte. Há lugares individuais, mas não fica fácil alcançá-lo. Ele tem que saltar e jogar seu corpo para dentro".

As associações surgem em torno da diferença entre os dois processos analíticos. Ele reconhece que a direção de Belo Horizonte parece promissora! Falo da troca de "aeroanálises", o que lhe provoca risos. Segue então associando: revela o fato de que houve uma interrupção súbita da análise anterior por doença da analista, o que aparece no perigo da aterrissagem no sonho. E acrescenta que, por isso, não foi fácil ter o impulso de reiniciar outro processo: pegar a outra "aeroanálise".

Na faculdade não suporta os tempos vagos. Se um professor falta, volta logo para casa, dizendo que esse vazio, essa lacuna, as interrupções são para ele um buraco. A ameaça de queda sem fim estava presente.

Não há gradações – os sentimentos são vividos nos extremos à semelhança dos autistas que aderem a uma extrema sensorialidade: o frio e o quente, nada de morno, de nuances; o preto e o branco, nada de cinza. Ou sente-se fracassado por não conquistar uma menina ou vai ter a perícia máxima de que "só vai dar ele"... Não há intermediação e isso é apontado e relacionado, por mim, à música onde há tom maior, tom menor e as pausas, que fazem justamente a melodia/harmonia. H. conta que uma de suas composições tem como título "Quase nada".

Então é preciso se viciar em música, depender da música. É seu ritmo que vai estruturá-lo no lugar do tom monocórdio dos primeiros tempos depressivos de sua mãe.

E minha voz também estava em jogo, a ondulação de meu tom, meu olhar respondendo ao seu olhar, inicialmente sem brilho, apagado, apesar de bonito. Percebe que "precisa sair de uma depressão que não é sua", frase esta que ecoa, sendo ele próprio a pronunciá-la.

Numa sessão, já no seu quarto ano de análise, H. tenta me descrever seu processo de criação. Ao compor uma música, dedica-se vários dias à ideia que lhe ocorreu. Rascunha, pensa, testa palavras e escreve. Depois para e sempre se surpreende porque é nos momentos dessa parada, quando está, segundo ele, meio aéreo e sem exigências, quando se dá um intervalo, é que encontra a solução para algo que faltava. Ele não chama de *insight*, eu é que penso nisso. Ele diz que sente um grande alívio. E aí a composição se completa. Fica feliz. Segundo ele, é como se o esforço anterior preparasse para esse momento que só se dá no relaxamento. Digo-lhe que é um processo silencioso.

Relato aqui um sonho próximo à alta de análise: o da placa Esculpa.

Ele está visitando um asilo de velhos – "um retiro" – onde a tarefa era esculpir. Estão todos numa casa e há uma propaganda num cartaz: ESCULPA. No imperativo, segundo ele. Brinco se não há um "d" na frente, já que ele havia faltado às duas sessões anteriores. Ele reconhece que havia pensado nisso quando acordou, que ia ter que me dar uma desculpa... Conta que ao contrário de dormir muito, ele se retirou para tocar mais trompete e falamos então sobre essa diferença de "retiros". E surgem outras associações com a ex-culpa, que ele diz estar se livrando dela e voltamos ao tema do esculpir.

Ele lembra do Rodin. Cita a pergunta que fizeram a esse escultor sobre como transformava aquele bloco de pedra em cavalo e que a resposta foi "tirando tudo que não é cavalo!". Então vemos que também aqui, em análise, estávamos tirando tudo o que não era H. Faço referência ao "bebê dormente" da depressão da mãe. Ele lembra que fazia, ele próprio, essa analogia do sono com um bloco de pedra.

Menciona então mais uma cena do sonho: entrando nessa mesma casa, pelos fundos, vê tudo vazio, nenhum móvel, anda e procura uma bicicleta ergométrica, vai pedalar e depois encontra um enfermeiro que lhe oferece comida, cujo nome é Edson. Acorda.

Repito para ele esse nome, E D SON, separando as letras... Ele ri, identifica essa escolha com sua relação com o som, seu ritmo, que agora é outro. Justo Edson é que o alimenta, sendo o enfermeiro/cuidador – a música e a analista côncava, que me dediquei a ser.

# 6

# A construção silenciosa do ego corporal[13]

## Introdução

Inicialmente pretendo tecer considerações sobre alguns aspectos da clínica psicanalítica contemporânea. Os impasses provocados, sobretudo, por um grupo de pacientes com organizações narcísicas têm demandado crescentes reflexões sobre a técnica analítica. Já em um texto de 1954, "Aspectos clínicos e metapsicológicos da regressão no contexto psicanalítico", Winnicott nos chamava atenção para uma terceira categoria de pacientes (a primeira e a segunda já faziam parte da Psicanálise tradicional), cuja análise deveria lidar com os estágios iniciais do desenvolvimento emocional. À diferença da neurose, o *status* de unidade nesses casos, dizia ele, ainda não fora adquirido. Estamos, portanto, diante de um grupo de pacientes onde o ego não é uma entidade estabelecida. O trabalho de interpretação perde seu efeito tendo em vista depender, para seu uso, de

---

[13] Artigo publicado na Alter Revista de Estudos Psicanalíticos, vol.29 (2), órgão oficial da Sociedade Psicanalítica de Brasília, Brasília, dez de 2011.

que os estágios iniciais do desenvolvimento do ego sejam um fato consumado[14].

Nesses pacientes chamados "modernos" temos a evidência da necessidade ainda da construção de um ego corporal, que não ficou efetivamente assegurado. Dizia Freud: "o ego é, primeiro e acima de tudo, um ego corporal"[15]. Ele sabia do que estava falando. Para a discriminação eu/não eu é preciso, inicialmente, um corpo que, contendo os conteúdos físicos, ensine ao ego como conter os conteúdos psíquicos. Segundo Freud, nesse mesmo texto, "O Ego e o Id", o ego é a projeção mental da superfície do corpo.

Nesses casos, o levantamento do recalque perde o lugar central no processo analítico em proveito da retomada do desenvolvimento e da construção do psiquismo.

Os "novos doentes da alma", na denominação de Julia Kristeva, são os casos-limite, as personalidades aditivas, os somatizantes e certos quadros de depressão. Um traço comum a essas psicopatologias é a dificuldade de simbolização, o que levou autores como D. Anzieu, P. Fédida, A. Green, entre outros, a considerar a necessidade de constituição de uma "pele psíquica", ainda não constituída.

## A construção silenciosa do ego

Podemos agora abordar o tema central deste artigo.

Encontro uma afirmação de Winnicott, em um texto de 1956, sobre preocupação materno-primária: "A construção

---
14  WINNICOTT, D. W. Formas clínicas da transferência (1955/6). In: Da Pediatria à Psicanálise. Rio de Janeiro: Editora Imago, 2000, p. 393.
15  FREUD, S. O Ego e o Id (1923). Rio de Janeiro: Editora Imago, vol. 19, 1976, p. 41.

inicial do ego é silenciosa"¹⁶. Esse é o meu ponto de partida para as reflexões a seguir.

Hoje, pelos trabalhos de analistas especializados no atendimento de crianças autistas e na observação de bebês – para citar duas autoras: F. Tustin e G. Haag –, sabemos que a construção do processo de simbolização primária começa pelo corpo. As angústias impensáveis, como diria Winnicott, de liquefação, de explosão e de queda sem fim vão precisar, inicialmente, da certeza de um corpo que as contenha. Há a necessidade de se sentir envelopado, de início pelo corpo da mãe e depois, entre outros fatos, pela sensação de tubos digestivos que garantam uma continuidade interna. Uma experiência corporal que garanta a continuidade de existir é condição necessária no enfrentamento da diferenciação eu/ não eu.

Uma lista de aspectos corporais pode ser enumerada para o surgimento de uma "substância psíquica": os ritmos de vaivém, do olho no olho, do bico do peito na boca, da voz melodiosa da mãe, fornecendo uma "estrutura rítmica do primeiro continente"¹⁷ (a noção de dobra, segundo G. Haag), o suporte costas-nuca-cabeça, as junções intracorporais (unir as duas metades do corpo em torno da coluna vertebral), a noção de esqueleto interno, a experiência tátil, tendo na pele o primeiro modelo de processo reflexivo (o dentro e o fora). "A pele é de importância óbvia no processo de localização da psique

---

16 WINNICOTT, D. W. A preocupação materna primária (1956). In: Da Pediatria à Psicanálise. Rio de Janeiro: Editora Imago, 2000, p. 403.
17 HAAG, G. Hypothèse sur la structure rythmique du premier contenant. Toulouse 2, 1986, p. 45-51.

no corpo exatamente no dentro e fora do corpo"[18], diria Winnicott em "Natureza humana".

Assim, o esboço de eu iniciado aos 4/5 meses ganha nova configuração e a percepção de um ego corporal se instala. A afirmação de Freud, de 1923, se confirma: "O ego é antes de tudo um ego corporal". Nesse sentido, o ego corporal contém os elementos corporais, ensinando ao ego psíquico a conter sentimentos e pensamentos.

Com a experiência corporal de continência, o bebê se sente um recipiente com interiores e a discriminação eu/não eu se efetiva (a boneca russa Matrioska demonstra essa experiência de continência com as inúmeras bonecas que se encaixam umas dentro das outras).

Está colocada, então, a condição para surgir a simbolização primária. Tendo vivido a experiência de ser contido e de conter, o bebê vai fazer analogias, de forma cada vez mais frequente, entre sua experiência de continência e as partes de seu corpo que equivalem a isso. Inicia nesse momento, segundo G. Haag, uma "caça a esses equivalentes simbólicos"[19].

Todas as possibilidades de encaixe serão bem-vindas: colocar tampas em canetas, encaixar pinos em buracos etc. O interesse do bebê se amplia. Se esse desenvolvimento se cumpre a contento, o bebê estará pronto para novas simbolizações mais desenvolvidas que envolvem o brincar e o falar. Poderá, então, narrar, contar histórias, chegando então à denominada simbolização secundária.

---

18  WINNICOTT, D. W. Natureza humana. Rio de Janeiro: Editora Imago, 1971, p. 143.
19  HAAG, G. Approche psychanalytique de l'autisme et de psychose de l'enfant. In: Autisme et Psychose de l'enfant, Ph. Mazet et S. Lebovici (dir.). Paris: PUF, 1990, p. 145.

G. Haag refere-se a uma "gestação psíquica", defendendo a necessidade de um aprofundamento do estudo dessas primeiras etapas de formação do ego corporal.

A construção do ego corporal é condição para que se dê um nascimento psíquico. M. Mahler (1977), em seu livro "Nascimento Psicológico da Criança", afirmava que o nascimento biológico e o nascimento psíquico não coincidem no tempo. O primeiro tem data precisa e o segundo é um lento desabrochar, a partir das experiências corporais vividas pelo bebê[20].

Segundo algumas mães, os bebês dão sinais desse processo em andamento quando em certos momentos parecem "sonhadores" ou "tristes".

Na experiência da Casa de Loczy, um orfanato húngaro que ficou famoso por sua metodologia de cuidar de bebês órfãos do período pós 2ª Guerra, observamos a confirmação dessa construção do ego corporal. Recebendo os cuidados corporais, com continuidade e num ambiente responsivo (adjetivo de Tustin para a mãe responsiva), os bebês vão mostrando evidências da construção silenciosa de um eu-pele (Anzieu). Pelo toque delicado que recebem na higiene, na alimentação, pela voz melodiosa que escutam e o olhar que retorna o contato, eles podem se dedicar ao seu trabalho: "Le travail du bébé a faire" (O trabalho que o bebê tem a realizar) que é nascer psiquicamente. Diante da cena de um bebê de 10 meses que, deitado sobre o tapete, alcança com uma das mãos um objeto brilhante, uma saladeira em alumínio, e inicia o processo de descoberta do gesto de sua mão refletido

---

20  MAHLER, M. O nascimento psicológico da criança: simbiose e individuação. Rio de Janeiro, Editora Zahar, 1977, p. 15.

em espelho, o cineasta Bernard Martino, que filmou "Loczy – uma casa para crescer", disse ter submergido numa forte emoção, quase uma vertigem. Ele testemunhou:

"Tive uma sensação de estar, de repente, na presença de uma manifestação do sagrado. Nós nos sentíamos retornar às fontes da constituição do psiquismo. Tínhamos a sensação de assistir ao nascimento do primeiro pensamento, um pouco como os astrofísicos chegam a algumas frações de segundos do nascimento do Universo"[21].

Nesse processo de localização da psique no corpo, como diria Winnicott, o bebê começa a experimentar movimentos espontâneos e se torna dono das sensações correspondentes a essa etapa inicial da vida. Segundo ele, a princípio trata-se de necessidades corporais, que gradualmente transformam-se em necessidades do ego à medida que da elaboração imaginativa das experiências físicas emerge uma psicologia. G. Haag usa a expressão "como o espírito vem ao corpo" para falar desse lento desdobrar que ocorre silenciosamente.

O trabalho analítico pode ser o espaço de uma "gestação psíquica". Veremos a seguir.

## A transferência

A transferência, instrumento analítico por excelência, pode ser o lugar da reconstrução silenciosa do eu. Na falta de simbolização primária desses pacientes, a situação transferencial cria a possibilidade de um real nascimento psíquico. Para Balint, essa seria a oportunidade de viver "um novo começo". Segundo ele, através da transferência com o

---

21  MARTINO, B. Les enfants de la colline des roses: Loczy, une maison pour grandir. Paris: JC Lattès, 2001, p. 197.

analista, percorrendo esses níveis mais primitivos, a "falha básica" poderia cicatrizar.

P. Fédida, apoiando-se em Freud, afirma que a transferência dispõe de uma memória alucinatória regressiva que vai buscar as formas vivas de um passado anacrônico por meio da presença, do analista em pessoa. Garantir a situação analítica corresponderia à tarefa do analista de manter essa posição de estranho íntimo – que é a condição temporal de essencial dissimetria.

Segundo ele, analista e analisando são remetidos ao que denominava inquietante estranheza da transferência. O próprio daquilo que chamamos transferência, dizia, está em constituir um fenômeno *unheimlich*[22]. Ela favoreceria extraordinariamente a instauração das mais refinadas manifestações. Essa seria a razão pela qual analista e analisando são colocados em uma situação em que os movimentos regressivos poderão ter lugar, níveis sensoriais incluídos. Essa modalidade de comunicação será explorada por ele e é título de um de seus artigos: Modalidades da comunicação na transferência e momentos críticos da contratransferência (*Modalités de la communication dans le transfert et moments critiques du contretransfert*).

Podemos aqui relembrar que, para Freud, *das unheimlich* significava, na verdade, nada de novo ou de estranho, mas sim algo que seria para a vida psíquica familiar desde sempre e que só se tornou estranho a ela pelo processo de recalque. Considerando que o analista ocuparia justamente esse sítio do estrangeiro, como bem o denominou P. Fédida,

---

22  FÉDIDA, P. A angústia na contratransferência ou a inquietante estranheza da transferência. In: Clínica psicanalítica - estudos. São Paulo: Editora Escuta, 1988, p. 91.

essa seria a possibilidade de que sua "estranheza familiar" pudesse oferecer ao paciente a revivescência de suas experiências arcaicas.

Portanto, precisamos considerar uma dimensão corporal da transferência, no tocante a um retorno de experiências primitivas, anteriores à aquisição da palavra, a que P. Fédida nomeava, de forma pertinente, uma regressão alucinatória. Freud usara essa mesma expressão – regressão alucinatória – para o sonho, mas ao identificarmos essa dimensão, em que o arcaico, o transverbal, ressurge pelo fenômeno transferencial, podemos compreender o que P. Fédida queria dizer.

## Vinheta clínica

Uma vinheta clínica poderá ilustrar esta apresentação:

Paulo chega à análise em crise, com muita insônia, falta de concentração no trabalho e medo de ficar maluco. Inicia a entrevista com uma frase "Quando sou pequeno...", trocando o tempo do verbo, me anunciando, neste engano, ser ainda pequeno nos seus 30 anos.

Fora menino aplicado, muito responsável, mas agora, segundo ele, "o copo está transbordando". A angústia é enorme, considera a si próprio como "um poço de angústia".

Suas expressões verbais me levam a pensar que ainda vive num medo de liquefação, com um precário envelopamento corporal. São sensações concretas e não metáforas.

Muito choro, calafrios, ele acha que vai se "desfazer em lágrimas". Pouco a pouco vou fazendo intervenções assinalando o conteúdo das angústias corporais. Ele segue revelando seu gosto por esportes radicais, principalmente escaladas. Acrescenta, então, sua impressão de que "a fortaleza que ele era tombou". A "corda esticou" e naquele momento "parecia que iria arrebentar".

Todas essas expressões usadas pelo paciente são tomadas por mim ao pé da letra, isto é, no aspecto mais físico que elas possam expressar. E assim iniciamos o trabalho a partir da compreensão de se tratar de um paciente sem ego corporal construído, temendo ainda vazar pelos buracos de seu eu-pele poroso, esparramar-se, tombar numa queda sem fim.

Se for demitido da empresa em que trabalha, Paulo "acha que vai cair no nada". Agarrou-se a um namoro durante muito tempo, mas com o término "está num buraco". Consome maconha com regularidade, preocupa-se com esse fato. Sua adesividade patológica (Bick e Haag) fica evidente nessas adições – amorosa e tóxica. Vai precisar se "viciar em análise", ele mesmo antevê com pertinência essa necessidade. Sua pergunta frequente: "Será que a dependência da análise é saudável?". Declarava, orgulhoso, por vezes: "Eu fui me fazendo. Eu me fiz!".

A necessidade de se deixar cuidar é finalmente acolhida em lugar propício: a situação transferencial. Toma consciência de sua autossuficiência e do quanto precisou caminhar sozinho.

Relata sua história inicial: aos 4 meses fora deixado com parentes pela necessidade da mãe em acompanhar uma filha mais velha numa cirurgia no exterior. Essa doença congênita da irmã ocupou os pais permanentemente durante toda a infância de Paulo.

O período de afastamento precoce da mãe dura cerca de 6 meses e coincide com a etapa em que atribuímos o nascimento psíquico. O ego corporal não se constituiu suficientemente, deixando em Paulo a sensação de esvaziamento, onde escoariam suas substâncias psíquicas.

Nas histórias contadas pela família dizia-se que ele costumava balançar o corpo como estivesse "se ninando sozinho", mas sabemos que com esse movimento Paulo tentaria produzir a dobra (ritmo de vaivém) que não houve.

Ao final do quarto ano de análise Paulo sai do emprego, inicia uma carreira acadêmica, depois seguindo para um doutorado fora do país. Mantém uma correspondência esporádica comigo por internet, recorrendo em alguns momentos difíceis. Numa de suas mensagens conta, brincando, que, enquanto andava na rua, viu-se refletido numa vitrine e se reconheceu. Usa uma expressão, uma gíria atual: "Naquele dia eu estava me achando".

Assim tive os sinais de que, silenciosamente, o processo de construção egoica havia se realizado. O fenômeno transferencial favorece o retorno ao tempo das experiências mais precoces, dos primeiros anos de vida.

Venho denominando Psicanálise do Sensível o trabalho analítico que considera a dimensão corporal da transferência. A Psicanálise do Sensível é uma ampliação do campo da Psicanálise que pretende ressaltar a importância do sensorial na constituição primordial do psiquismo. Através do fenômeno da transferência, as experiências pré-verbais mais arcaicas do sujeito podem retornar e ganhar representação, levando a uma maior integração do ego do paciente.

# 7

# A transferência e a memória corporal[23]

Agradeço o convite feito a mim pelo Setor de Psiquiatria do Hospital Pedro Ernesto – UERJ para participar do III Encontro de Psicoterapia e Psicanálise de 2013, na mesa-redonda "Sexualidade".

A apresentação constará de três pontos a serem desenvolvidos:
1) O que é transferência?
2) A memória corporal despertada pela transferência.
3) Sensorialidade e sexualidade.

Quero começar por chamar a atenção para o fato de que o que caracteriza a Psicanálise não é a interpretação dos sonhos, o trabalho do inconsciente, e sim seu instrumento por excelência: A transferência. É ela que a diferencia de outras terapias.

Mas do que se trata afinal esse fenômeno?

"O paciente vê no analista o retorno, a reencarnação de alguma importante figura saída de sua infância ou do

---

[23] Palestra proferida no III Encontro de Psicoterapia e Psicanálise, na mesa-redonda "Sexualidade", Hospital Pedro Ernesto/UERJ, agosto de 2013.

passado e consequentemente transfere para ele sentimentos e reações que aplicam-se a esses protótipos" (Freud, 1938, O Esboço da Psicanálise).

Vamos destacar da citação de Freud esse verbo reencarnar (em alemão, o verbo tem esse mesmo sentido). Essa referência à carne é importante. Já mencionava, portanto, nessa ocasião, a presença do corpo.

Nesse mesmo texto O Esboço da Psicanálise, de 1938, final de sua obra, Freud afirma: "Ainda não nos surpreendemos o suficiente com a transferência. É uma coisa bem estranha que o analisando reencarne em seu analista um personagem do passado."

Importante lembrar: a análise é uma viagem no tempo. Eric Kandel, neurocientista, Prêmio Nobel de 2002 sobre a Memória, nos diz que a viagem mental no tempo é uma capacidade humana.

Nesta medida é que podemos identificar o fenômeno como crucial para o tratamento. A possibilidade do indivíduo repetir com seu analista, de forma inconsciente, cenas vividas com personagens do passado cria a oportunidade de refazê-las e, como diria Balint, cicatrizar falhas básicas.

Trata-se aqui da eficácia do tratamento analítico, que mesmo os próprios analistas muitas vezes não consideram.

Sabemos que a transferência não é exclusiva dessa relação, ela aparece também entre aluno e professor, médico e paciente e em várias relações humanas. O que difere na relação analítica é que ela é usada como instrumento, como é o bisturi para o cirurgião.

Mas nem sempre foi assim. Aqui um breve histórico:

De início para Freud ela era um obstáculo indesejável, tinha que ser eliminada. Esses sentimentos voltados para o analista causavam resistência ao tratamento, segundo ele "A transferência, nossa cruz", escreve para o pastor Pfister, seu amigo.

Só vai passar a ser uma aliada depois do caso Dora (1901), Freud percebe que a paciente abandona o tratamento quando não fora trabalhada sua transferência paterna dirigida a Freud.

Qual passa a ser, então, a sua importância?

"Ela tem uma vantagem: nela o paciente reproduz perante nós, com clareza plástica, uma parte importante da história de sua vida, da qual, de outra maneira, ter-nos-ia provavelmente fornecido apenas um relato insuficiente. Ele a representa diante de nós em vez de nos contar" (Freud, 1938, O Esboço da Psicanálise).

Podemos considerar duas dimensões da transferência.

1. Uma mais clássica – Freud a define bem no texto Repetir, Recordar e Elaborar (1914).

    O destaque agora é para **Repetir.**

    Não bastava recordar o passado, relembrar fatos. Era preciso revivê-los, como se ocorressem no presente. Nessa perspectiva, a transferência é a via fundamental para isso. Somente repetindo com o analista os sentimentos outrora vividos com outras figuras é que podemos elaborar experiências emocionais, desfazendo assim sintomas histéricos, fóbicos, obsessivos etc.

2. Mas venho falar de outra dimensão. Trata-se da dimensão corporal da transferência. São psicanalistas

contemporâneos que vêm explorando esse aspecto – como D. Anzieu, P. Fédida e outros.

Aqui passamos para o segundo ponto: A memória corporal despertada pela transferência.

Meu trabalho de tese de doutorado na Universidade Paris 7, de 1998, foi sobre a memória corporal despertada pela transferência.

As experiências transferenciais, vividas em análise, não seriam somente aquelas reeditadas, isto é, que tiveram um texto, com representações psíquicas recalcadas. Vamos agora incluir as experiências de uma memória que ficou impressa no corpo, antes mesmo do indivíduo ter adquirido a linguagem.

São registros de impressões precoces da mais tenra infância, permanecendo como memória corporal.

Para aqueles pacientes cujo ego ainda não se consolidou, como os adictos, os somatizantes, os casos-limite e certos quadros de depressão, é fundamental esse resgate da sensorialidade. A transferência, em seu aspecto regressivo alucinatório (P. Fédida, 1988), proporciona esse caminho.

Ferenczi, discípulo de Freud, já dizia que "a lembrança fica impressa no corpo e é somente lá que pode ser despertada".

O paciente pode sentir sensações em seu corpo, cuja memória só foi resgatada porque a transferência estava em jogo. Cito aqui um exemplo dado pelo violonista Turíbio Santos, em seu livro "Mentiras... ou não? uma quase autobiografia" (Editora Rocco, 2002):

"Um dos pacientes de Hélio Pelegrino, depois de um atendimento em que ficou claro que ele não suportava o silêncio de outrem (...) passou o dia sentindo cheiro de esparadrapo, intensamente.

Algumas horas mais tarde, esse paciente lembrou-se de que tinha sido vítima, na sua pequena infância, de alguém que para impedi-lo de chorar colocava esparadrapo em sua boca. Nunca vi uma demonstração mais forte do inconsciente em toda a minha vida, pois o paciente em questão era eu".

Ele observa que o psicanalista e o paciente conseguem trazer à tona problemas recalcados pela memória. E aqui vemos que é através de uma sensação, a do olfato, que desperta a memória.

Turíbio acrescenta que esse "alguém" era sua mãe.

Na literatura, Marcel Proust, escritor francês, nos mostra com sua obra "Em busca do tempo perdido" que o personagem faz essa viagem no tempo ao provar a *madeleine* (biscoito em forma de concha). Ao mergulhá-la no chá e saboreá-la, o personagem retorna ao quarto de sua tia Léonie, quando nos domingos de sua infância, antes da missa, ela oferecia-lhe esse mesmo biscoito, assim embebido. Com a sensação do paladar, o gosto sentido na boca, ele revive essa experiência. Proust denomina o fenômeno de "memória involuntária" – referindo-se, assim, à lembrança que não foi mobilizada pela vontade, mas pelas sensações.

O terceiro e último ponto quero pensar com vocês sobre o tema desta mesa-redonda: a sexualidade. Se esse aspecto corporal, da memória do corpo, não traria uma ampliação, no que diz respeito à inclusão da sensorialidade?

A sexualidade foi apontada por Freud como uma presença desde os primórdios da vida do sujeito, o que escandalizou sua época. Mas sabemos que não só as zonas erógenas são importantes. Todo o corpo é sensível, a sensorialidade está em toda a pele, portanto o corpo conta a história do indivíduo. E é nela que estamos interessados, mesmo quando não pode ser traduzida em palavras.

Venho denominando Psicanálise do Sensível a ampliação do campo da Psicanálise que pretende ressaltar a importância do sensorial na constituição primordial do psiquismo. Através do fenômeno da transferência, as experiências pré-verbais mais arcaicas do sujeito, podem retornar e ganhar representação, levando a uma maior integração do ego do paciente, sexualidade incluída.

Podemos abrir aqui para o debate.

# 8

## Resenha: A maçã no escuro – Clarice Lispector

(Rio de Janeiro, Editora Rocco, 1998[24])

É sempre tempo de ler Clarice! Partindo da concepção do psicanalista J. B. Pontalis, por mim compartilhada, de que a literatura é uma fonte de compreensão do psiquismo humano, escrevo esta resenha da obra de Clarice Lispector "A Maçã no Escuro". Neste livro, escrito em 1956 e somente publicado em 1961, aprendi sobre o nascimento psíquico através de seu personagem Martim.

Antes de relatar as passagens nas quais esse processo nos é revelado, com muita precisão e sabedoria, quero ainda lembrar o ponto de vista de Freud a respeito, justamente, da relação entre Psicanálise e Literatura. Sua opinião sobre a obra de dois escritores: Arthur Schnitzler e Stefan Zweig pode ilustrar isto. Sobre Schnitzler, judeu austríaco de Viena, Freud tinha a impressão de que o escritor conseguia, através

---

[24] Publicada nos Cadernos da Sociedade de Psicanálise da Cidade do Rio de Janeiro - SPCRJ, v. 30, nº 33, com o título "Impasses contemporâneos", 2014.

da intuição, ficar sabendo de tudo aquilo que ele, Freud, descobrira com seu penoso trabalho em outros seres humanos. Suas novelas, segundo Freud, podem ser lidas como casos clínicos. Chegou a declarar temer a aproximação com o romancista porque via nele seu duplo[25].

Quanto a Stefan Zweig, as declarações de Freud são semelhantes. Mantiveram uma assídua correspondência entre 1908 e 1939, nem sempre totalmente amistosa (Freud criticou-o em algumas de suas atitudes), porém Freud reconhecia sua capacidade de retratar a alma humana. Considerava que ele, por caminhos distintos e em um domínio que não era o seu, conseguia tornar accessível a seus leitores uma realidade que ele, Freud, se obstinara em definir e analisar[26]. Em carta de 1925: "O senhor consegue se aproximar tanto da expressão do objeto que os detalhes mais sutis deste último se tornam perceptíveis e julgamos apreender relações e qualidades nunca antes enunciadas pela linguagem."

Freud recebeu o prêmio Goethe não pela literatura, mas por suas pesquisas. É provável que quisesse ser reconhecido também pelo seu estilo de escrita tão apreciado até nossos dias.

Portanto, não se trata aqui de uma psicanálise aplicada à literatura, como fazem alguns, mas de reconhecermos os laços que as unem.

Voltando à "A Maçã no Escuro". Inicialmente é interessante lembrar que este não seria o nome do romance. Clarice pensara em A Veia no Pulso. Em sua troca de cartas com

---

[25] BACKES, M. Prefácio de Crônica de uma vida de mulher de A. Schnitzler, São Paulo, Editora Record, 2008.
[26] PONTALIS, J. B.; MANGO, E. G. Freud com os escritores. São Paulo: Editora Três Estrelas, 2013.

o amigo e escritor Fernando Sabino[27], aceitou seu conselho sobre a má sonoridade que este título apresentava – por causa da aveia. Não era, portanto, o mais adequado. Sabino sugeriu que ela escolhesse entre um dos títulos das três partes, em que o livro se divide: "Como se faz um Homem", "O Nascimento de um Herói" ou "A Maçã no Escuro". Foi este último que prevaleceu, sendo o preferido de Fernando Sabino (carta de 23 de setembro de 1956).

Clarice declara, nessa mesma correspondência, que o livro foi fascinante de escrever: "Aprendi muito com ele, me espantei com as surpresas que ele me deu – mas foi também um grande sofrimento."

Seguindo também sugestão do amigo de retirar o prefácio por achá-lo dispensável, Clarice o suprime. Escolho, no entanto, reproduzir um trecho deste (carta de 12 de novembro de 1956) por resumir o que vamos considerar um nascimento psíquico.

A história que ora se inicia é a história de Martim e do que se poderia chamar de seu indireto avanço no mundo. Quase tudo o que lhe aconteceu foi mais ou menos provocado por ele próprio porque do que lhe aconteceu ele precisava. A concretização de uma pessoa é muito difícil. Mas não irrealizável! Pois, como mais tarde ele eventualmente descobriria, o avanço consiste em criar o que já existe. E, em acrescentar ao que existe, algo mais: a *imaterial adição de si mesmo* (o grifo é meu).

São vários os trechos na obra que assinalam esse processo difícil, mas realizável, de tornar-se gente. A capacidade

---

[27] SABINO, F.; LISPECTOR, C. Cartas perto do coração. Rio de Janeiro: Editora Record, 2001.

da escritora está em nos conduzir, através das aventuras de Martim, pela trajetória de um homem em fuga por um suposto crime[28]. Ele chega a uma fazenda, cansado, onde vai conseguir abrigo: "Reconheceu de súbito o campo como divisara ao chegar pela primeira vez à fazenda. Daquela vez em que, bêbado de fuga, apoiava-se exausto naquela coisa vaga que *é a promessa que é feita a uma criança quando nasce*".

Ali encontrou trabalho e ficou sob comando da dona da fazenda, Vitória, justamente vivendo um novo renascer. Disse a ela que era engenheiro e "quando dormia, dormia; quando trabalhava, trabalhava. Vitória mandava nele, ele mandava no próprio corpo. *E algo crescia com rumor informe*".

"*O homem estava incomodamente crescendo*". É assim que Clarice vai nos apresentando a lenta evolução de alguém que resolve deixar sua história para trás. Chega então à descrição do curral: "O curral era um lugar quente e bom que pulsava como uma veia grossa. Era à base dessa larga veia que homens e bichos tinham filhos. Martim suspirou cansado com o enorme esforço: *acabara de 'descortinar'*".

Está aí a veia que pulsa, isto é, a vida que pulsa na veia! Há mesmo um nascimento, uma constatação da vitalidade. E o verbo descortinar não podia ser mais pertinente.

Em suas experiências sexuais e amorosas com as três mulheres que surgem no relato, Martim aprende e revela suas inquietações. Com "a mulata que ria", a cozinheira, ele sente que *"pode ficar de pé dentro de um corpo"*. No contato com Ermelinda, prima da dona da casa, ele se envolve e ela se apaixona. Martim começa a "se emaranhar numa

---

[28] CASTELLO, J. Clarice na cabeceira. Rio de Janeiro: Editora Rocco, 2011.

curiosa sensação de ter conseguido alguma coisa extraordinária. Tinha passado pelo mistério de querer. *Como se tivesse tocado no pulso da vida*". E com Vitória, mulher de uns cinquenta anos, ele passa a lhe prestar obediência, observa seus aspectos femininos quando de sua transformação para receber a visita de um professor e seu filho à fazenda, teme que ela o denuncie. Tem medo. Daí se pergunta: "Quem era ele? Martim caíra tão em si próprio que não se reconheceu. Como se até agora tivesse apenas brincado. Quem era ele? Teve a certeza intuitiva de que não somos nada do que pensamos e somos o que ele estava sendo agora, *um dia depois que nascemos nós nos inventamos*".

Martim foge para a escuridão do bosque. As trevas o assustam, mas em seguida o tranquilizam. "Um homem no escuro era um criador... Foi dizendo 'Oh, Deus!' que Martim sentiu o primeiro peso de alívio no peito. Respirou devagar e com cuidado: *crescer dói*. Respirou muito devagar e com cuidado. *Tornar-se dói. O homem teve a penosa impressão de ter ido longe demais*".

Clarice nos faz sentir que Martim, até aquele momento, andara em caminhos superpostos. E que sua verdadeira e invisível jornada se fizera na realidade embaixo do caminho que ele julgara palmilhar.

O relato é cada vez mais denso, repleto de detalhes de sensações e sentimentos. Vitória faz confissões a ele, conta como e porque foi parar ali. Ele ouve, por vezes contrafeito, as tristezas dela e sua história de isolamento. Surge o impasse de ser descoberto pelos investigadores, novos personagens na trama, que viriam para prendê-lo. Foi mandado, por

Vitória, queimar galhos atrás da casa, fazer uma fogueira. É brincando com o fogo que "inesperadamente o primeiro passo de sua grande reconstrução geral se realizara: se aos poucos ele se tinha feito, *agora se inaugurara. Ele acabara de reformar o homem*".

Chegamos então à maçã!

Martim constata: "Porque entender é um modo de olhar. Porque entender, aliás é uma atitude. Martim, muito satisfeito, tinha essa atitude. Como se agora, *estendendo a mão no escuro e pegando uma maçã, ele reconhecesse nos dedos tão desajeitados pelo amor uma maçã*. Martim já não pedia mais o nome das coisas. Bastava-lhe reconhecê-las no escuro. E rejubilar-se desajeitado".

Assim, Clarice acaba por colocar no romance um pedaço do prefácio que havia eliminado: "...afinal consegui o que quis. *Criei o que já existe. E acrescentara ao que existia, algo mais: a imaterial adição de si mesmo*".

Sem dúvida, ao mostrar, nas passagens citadas, que o processo de construir o homem não é simples, mas possível, Clarice Lispector nos brinda com a descrição de um nascimento psíquico. Tudo isso dentro da singularidade extrema de sua escrita que, segundo a filósofa francesa Hélène Cixous, "Clarice não escreve em português, mas em lispector".

O livro "A Maçã no Escuro" ganhou o prêmio Carmem Dolores Barbosa de melhor livro em 1961.

Em seu livro "Sobre a arte da psicanálise", a psicanalista Edna Vilete declara sempre se surpreender com a possibilidade que as diferentes expressões da arte possuem para iluminar a psicanálise em seus conceitos teóricos e patologias clínicas[29]. No capítulo Clarice, Winnicott e Macabéa, a autora demonstra com clareza essa sua afirmação ao analisar outro romance de Clarice, "A Hora da Estrela".

Termino esta resenha lembrando comentário de Freud sobre "O Delírio e os Sonhos na Gradiva", de Jensen (1907): "Os escritores nos superam de longe, a nós, homens comuns, especialmente em matéria de psicologia, pois bebem em fontes ainda inexploradas pela ciência."

---

29 VILETE, E. Sobre a arte da psicanálise. São Paulo: Editora Ideias & Letras, 2013.

# 9

# Autismo – falhas na formação da continência[30] – contribuições de F. Tustin e G. Haag

Dia 2 de abril (2015) – dia mundial da conscientização do autismo, estabelecido pela ONU. Ouço na TV: crianças autistas recebem ajuda escolar e têm progressos na aprendizagem. Escola para autista, com mães acolhidas por orientadoras e psicólogas quanto ao impacto de receber o diagnóstico de seu filho. Acolhimento e afeto. Isso basta?

Neuropediatra dá entrevista. Informa que a doença necessita de atenção especial e de compreensão afetiva. Muitos têm talentos especiais a serem desenvolvidos. Um dos sinais para diagnóstico entre vários, afirma, é a dificuldade na comunicação visual – não correspondem com o olhar.

Recordo também o programa de Dráuzio Varella, no Fantástico da TV Globo, quando este insistia com um menino autista: "Olha pra mim... ei, olha pra mim...". O

---

[30] Trabalho apresentado no Seminário sobre Autismo do Círculo Psicanalítico do Rio de Janeiro, junho de 2015.

garoto acaba saindo da sala correndo, deixando para trás pais, Dráuzio e a cena. Ah, isso mesmo, afirma Dráuzio, ele não consegue trocar o olhar.

Além dessas observações iniciais, leio na Folha de S. Paulo, de 27 de março de 2015: "estudos genéticos ligam inteligência a risco de contrair autismo", mas pelo menos admitem que "os dados são derivados de relação estatística, e o mecanismo de ação de praticamente todos os genes ainda é um mistério".

Mostram pesquisas sobre configurações de áreas cerebrais diferentes em autistas nas regiões implicadas em expressão facial e empatia. Seriam áreas visuais do córtex ligadas à produção de habilidades para entender emoções de outras pessoas e de si próprio. Algumas partes do cérebro relacionas à sensação de *self* – a noção de presença de um eu dentro do corpo – também estavam subativadas nessas análises apresentadas.

Já no jornal O Globo (de 2 de abril de 2015), é o tratamento na Santa Casa de Misericórdia, sob chefia do psiquiatra Fábio Barbirato, com o título: "Pais de olho, evolução veloz" que mais me surpreende. O treinamento do autista é enfatizado e os pais devem "replicar" isso em casa. Leio: Os pais são orientados pelos profissionais não só sobre o que devem fazer (como forçar a criança a pedir, em vez de atendê-la prontamente), mas sobre o que não devem fazer (não deixar assistir a um filme várias vezes ou um comportamento que não é funcional, como enfileirar sapatos e bonecas). E a linguagem deve ser trabalhada desde cedo, segundo Barbirato, para a criança se desenvolver deve ter uma comunicação social adequada, para não deixar que mais tarde zombem dela.

Posso me deter aqui. Já é suficiente como introdução!

Nesses quarenta minutos de minha apresentação, vou resumir o que considero a contribuição da Psicanálise sobre o autismo nessas últimas décadas. E espero que possamos identificar as enormes diferenças com o que acabei de expor. Esse percurso será pelas autoras Frances Tustin (inglesa, da década de 1970) e G. Haag (francesa, da década de 2000). Podemos chamar essa abordagem das duas psicanalistas, com obras reconhecidas, de um novo paradigma sobre o autismo. Porém, também como veremos, nem é tão novo assim.

Através de suas longas experiências clínicas com crianças autistas sabemos que esse estado psicopatológico resulta de uma falha na construção do ego. Todo ser humano, em seu período mais precoce, sofre de três angústias básicas: liquefação ou derramamento, explosão e queda sem fim. Winnicott, na década de 1950, já as chamava de angústias impensáveis. Vai, portanto, precisar que o ajudem a sentir que pode conter esses fluidos e gases, e que não cairá no espaço infinitamente. O foco principal desses primeiríssimos tempos é a sensação de que a continuidade da existência está assegurada. Localizamos aqui o ponto onde, se houver para o bebê uma quebra de continuidade muito brusca, inicia a possível origem dessa patologia denominada autismo ou, como a Psiquiatria denomina atualmente, transtorno de espectro autista. Se a separação, no caso da mãe ou de alguém na função maternante, ocorrer antes de o recém-nascido ter os recursos suficientes para lidar com ela, observamos a necessidade da formação de uma cápsula, a denominada cápsula autista, para evitar, a qualquer custo, o contato com o esse "não eu" tão temido. Essa separação não é geográfica e sim subjetiva. E o mais surpreendente é que, ao contrário do que se pensava, o autista não está insensível ou anestesiado dentro dessa "concha" e sim, sabemos agora, ele se encontra imerso numa intensidade sensorial extrema, como se esse "estar ligado" o deixasse plenamente mergulhado, como um polvo estendendo seus tentáculos num mundo de sensações sem fim, isto é, numa ilusão de plena continuidade. Porém, com a contrapartida de ficar isolado neste mundo extremamente sensível. Ficam, assim, à deriva, nesse espaço bidimensional de sensações. A descrição de Donna Williams, em seu livro "Ninguém em lugar nenhum", autobiográfico, expressa de forma esclarecedora os primeiros tempos de uma criança autista, navegando numa atmosfera de flocos luminosos que ela atravessava dentro de um espaço vazio.

Tustin, ao final de sua obra, quis corrigir, inclusive, um erro que cometera a esse respeito. Em seu artigo "A perpetuação de um erro"[31] ela desfaz a noção de "autismo normal", como considerara antes, uma característica de todos nós, na mais tenra infância. Um bebê normal, diz ela, nasce num "berço de sensações", mas que vai pouco a pouco dirigindo-o para as percepções e para tudo que é da ordem do cognitivo, até chegar às equações simbólicas. Denomina esse período inicial de autossensualidade e não de autismo.

---

31 TUSTIN, F. A perpetuação de um erro. In: International journal of psycho-analysis, 1991, tradução de Paloma Vidal. In: Revista da Letra Freudiana, ano XIV, nº 14, sobre O Autismo, Editora Revinter, 1995.

O autismo é uma aberração, segundo Tustin. O autista estaciona aí, agarrando-se às sensações no que ela chama de "equação adesiva".

Uma observação: Julia Kristeva considera que Proust triunfa onde o autista fracassa. Justamente por fazer uso literário dessa profusão de sensações, ao contrário do autista que ali fica aprisionado.

Seu paciente John descreveu muito bem a angústia vivida naqueles momentos onde se anunciava para ele algum tipo de quebra na continuidade corporal: "Quebrou o seio! Quebrou o seio! Um buraco negro na minha boca..."

Daí F. Tustin se referir ao autismo como "um buraco negro", inclusive título de um de seus livros, cuja capa mostra uma escultura de Henry Moore, artista escolhido pela autora por sua obra apresentar a imagem de uma mãe com um buraco no lugar do seio (Moore possui uma série de esculturas magníficas sobre mãe e bebê). Acrescento aqui também uma conclusão importante, a que ela chegou, partindo justamente dessa experiência de John sobre a amputação da boca. Como fazer a criança autista falar se ela tem a sensação de que perdeu sua boca, seus lábios, que foram junto com a mãe na separação abrupta? Assim, compreendemos o motivo da falta de linguagem, mesmo que a área cerebral responsável pela fala esteja preservada[32]. Para emitir

---

32  Vou incluir aqui um elemento importante no que diz respeito aos bloqueios fonéticos. A criança autista apresenta uma clivagem entre o duro e o macio, sentindo como extremidades sensoriais. Daí essa problemática do muito duro e do muito macio se evidenciar na dificuldade em articular o "d", pela explosão temida desse som, e principalmente o "t". Além deste ser um fonema que tem a ponta da língua contra as raízes dos dentes (ponto mais próximo das experiências primitivas de mamar), ele é o som mais duro, segundo Fonagy. Confirma-se, assim, que algo muito duro precisa ser evitado, então não há como pronunciá-lo.

os primeiros fonemas, os bilabiais precisamos de nossos lábios. Mas se não os sinto? Abro parênteses para dizer que Winnicott, em 1963, já fazia essa mesma observação em seu texto: "Os doentes mentais na prática clínica", mesmo não trabalhando com crianças autistas. Suas palavras: "...a perda pode ser de certos aspectos da boca, que desaparece do ponto de vista do lactente junto com a mãe e o seio, quando há uma separação em uma data anterior àquela na qual o lactente alcançou um estágio do desenvolvimento emocional que propiciaria para ele o equipamento para lidar com essa perda"[33].

Se a continuidade da existência está ameaçada podemos entender, na criança, a necessidade de enfileirar brinquedos (carros, bonecos etc.) sem parar. Este não é, portanto, um comportamento gratuito.

Descreverei o desenrolar do processo necessário para uma construção do ego. Para apaziguar as angústias corporais, descritas acima, o bebê vai precisar criar um envelope de continência corpóreo-psíquico, muito diferente de uma cápsula autista. Esta é a noção fundamental, tema desta apresentação: a formação da continência.

A trajetória, que podemos também chamar de nascimento psíquico, vai de quatro a cinco meses do feto (onde se observa, através de ultrassonografias, um esboço, bem rudimentar, de senso de existir, principalmente através dos sons aleatórios, que ali chegam, como o intestino da mãe ou ruídos de fora da barriga da mãe[34]) até cerca de um ano

---

33 WINNICOTT, D. W. Os doentes mentais na prática clínica (1979). In: O Ambiente e os Processos de Maturação. São Paulo: Editora Artmed, 1983, p. 196-206.
34 HAAG, G. Conferência de 2006, no capítulo sobre a problemática do sonoro (2): "A primeira reação tônica de um feto é a extensão dorsal, a hiper-extensão. Se esta hiper-extensão

e três meses. O bebê adquire então um eu, discriminado de um não eu.

Para que isso se passe a contento e que uma gradativa consciência de que existem dois, e não um só, se estabeleça, uma continência será necessária. Ela vai se dar através do próprio corpo do bebê e através do corpo da mãe. Repito que essa consciência se faz gradativamente porque o bebê vai oscilar entre uma ilusão de continuidade física e uma quebra na continuidade corporal. Winnicott enfatizou muito essa gradação com toda a sua noção de espaço transicional. Essa oscilação entre ilusão de fusão com a mãe e separação é necessária justamente para que o bebê se assegure de uma possibilidade de separação não catastrófica.

F. Tustin utiliza a descrição de um alpinista numa escalada perigosa para retratar essa experiência dolorosa e inominável de se sentir na iminência de uma separação catastrófica da mãe. As ameaças fortes ao "continuar a ser" produzem sensações de quedas das mais variadas "alturas".

Em inúmeros casos o uso de um objeto autista (não importando o objeto em si) garante, por sua solidez física, a ilusão de uma não separação. Manter-se grudado a objetos, paredes ou ao corpo do terapeuta fornece uma sensação que

---

for forte demais ela vai estagnar todo o resto do desenvolvimento" – pesquisas de A. Bullinger e de S. Mayello confirmam a hipótese de que a hipersensibilidade aos barulhos nos autistas inicia-se no útero e pode afetar a formação do lobo temporal superior do cérebro, devido a essas intensas hiper-extensões. Não é uma perspectiva puramente cerebral, é produzido pelo ambiente sonoro ao que o feto no útero estará exposto. Ver também de Haag, G: "Reflexões de psicoterapeutas de formação psicanalítica que cuidam de indivíduos com autismo, após a publicação dos resultados de uma experiência acerca das áreas cerebrais abrangidas pelo tratamento da voz humana em 5 adultos com autismo" (H. Gervais, M. Zilbovicius e colaboradores, agosto de 2004. Um resumo deste trabalho saiu no jornal Le Monde, em 24 de agosto de 2004, e provocou a indignação de inúmeros psicanalistas especialistas em autismo pelo reducionismo neurológico com que tratou a questão).

aplaca o terror de perder a existência. Porque, como diria Gilberto Safra, morrer é mais fácil do que deixar de existir (Safra, 1998).

## A continência pelo próprio corpo do bebê

F. Tustin nos mostrou que a sensação corporal de tubos e canos que o bebê sente com seu aparelho digestivo em ação, enquanto mama (seio ou mamadeira), trazem-lhe o conforto de que não se liquefaz, não vaza, não se esvai. Seus líquidos são contidos por esse "sistema de canos", o que significa a consciência de "interiores". Exemplos de análise de crianças autistas mostram que no início algumas sentem muita angústia ao ouvir o som de água correndo dentro de algum encanamento na parede do consultório. A ponto de se afastarem correndo e gritando. Com a evolução do tratamento, ao contrário, ficam curiosas e, se puderem abrir torneiras numa pia, vão querer acompanhar com o ouvido, colado ao cano, o barulho desse fluxo da água.

Preciso aqui assinalar que o material lúdico utilizado nesses atendimentos não segue mais o modelo da caixa de brinquedos tradicional kleiniana. Ao paciente é apresentado uma série de elementos que favoreçam tratar concretamente as angústias em jogo. Poderei exemplificar durante nosso debate.

Seguindo, outro aspecto importante para a continência no próprio corpo do bebê é a sensação de coluna vertebral, que segundo G. Haag deve ser sentida como um eixo que solda as duas metades. Em seu artigo muito elogiado "A Mãe e o bebê nas duas metades do corpo", Haag mostra que entre o quarto e o quinto mês o bebê se dá conta que tem partes em dobro: duas pernas, dois braços, duas orelhas, dois olhos e até duas nádegas. Sua coluna vai unir essas metades. Ao bater as palminhas, que tanto emociona pais e mães, sabemos que ele está comemorando naquele momento essa união.

As crianças autistas com hemiplegia autística demonstram que não puderam construir essa união. Estão ainda pela metade. Isso explica também, segundo a autora, o gesto habitual do autista "pegando a mão do outro para fazer". Ele une sua metade com a metade do outro e assim tenta fazer um só com a mão do outro. Essa é uma maneira muito comum que a criança autista apresenta ao desenhar com a mão do outro como se fosse a sua.

Estou procurando, através dessas observações do comportamento da criança autista, trazer à tona para debate a complexidade da falta de construção de um ego corporal, início de tudo, como diria Freud em 1923. E também apontar como determinadas intervenções de adestramento da criança autista não tratam da origem de seus sintomas. E isso é muito sério e perigoso para a evolução da criança.

Acrescento agora a pele, ainda dentro dos aspectos continentes do corpo do bebê. Esse é sem dúvida um elemento fundamental. Será uma sensação de que esse envelope tátil segura o sangue, as vísceras, os músculos, os ossos, enfim todo o corpo. O bebê vai sentir também que a pele fornece um contorno, garantindo-lhe que seu pé, que antes passava no seu campo de visão aleatoriamente, sem que ele tivesse consciência que ele, o pé, lhe pertencia, agora é seu.

Lembro aqui, a propósito, o título do último livro que P. Fédida publicou: "Por onde começa e termina o corpo – retorno à regressão".

## A continência através do corpo da mãe

Dois são os aspectos importantes:
- O suporte cabeça-nuca-pescoço-costas;
- A dobra ou estrutura rítmica do primeiro continente.

Haag relembra que a posição do feto ao final da vida intrauterina procura um máximo de contato-pele por contrapressão dos envelopes e da distensão uterina sobre a convexidade dorsal. Em seguida, com a amamentação, o bebê alia o suporte nuca-costas à experiência bucal e visual.

A noção de estrutura rítmica do primeiro continente é algo extremamente inovador dentro deste tema. Haag aponta a importância dos movimentos de vaivém tanto da interpenetração dos olhares mãe-bebê quanto do bico do peito na boca (durante o aleitamento) como garantia de um ritmo fundamental para a estruturação psíquica.

O ritmo também diz respeito à ondulação da voz materna que, se for modulada e não monocórdia, cria um envelope sonoro para o bebê. Todo esse conjunto rítmico, produzindo a sensação da "dobra", é de tal importância que temos a confirmação disso no balanço da criança autista. Ao balançar seu corpo para frente e para trás, de forma repetitiva o autista mostra sua tentativa de criar uma ritmicidade, nem que seja de forma "mecânica"[35].

---

[35] Uma matéria de jornal merece destaque: um pai de autista, no Rio Grande do Sul, descobriu que levar um balanço para seu filho nas viagens de família foi fundamental para

A respeito da interpenetração do olhar, cabe dizer que dois aspectos estão em jogo: ser envolvente e penetrante (sem ser perfurante). Não pode ser o olhar "bico"/predador, que essas crianças temem. Muitas vezes em evolução no tratamento analítico procuram cobrir as pontas de móveis ou brinquedos com pelúcia, transformando o que seria duro em macio. São as quinas, por exemplo, num dos casos de G. Haag, do aquecedor da sala que recebeu de um autista algodão para amaciá-las.

E G. Haag afirma, de forma surpreendente, que para fazer o autista falar há que começar pelo olhar e não pela boca. Daí o mutismo dos autistas se desfazer não com exercícios orais e sim por um reasseguramento de que o olhar do outro tem retorno, ida e volta, na experiência tátil do olhar.

O bebê tem necessidade não somente de beber do "bom" leite, mas também de ter bons olhos "doces" de uma mamãe que penetra em seus olhos, e ele também ter um olho "doce" que penetre nos olhos de uma mamãe.

Dentro dessa perspectiva o trabalho analítico com autistas é o convite a acreditar que há olhos doces no analista e o uso de pincéis com pontas peludas e macias pode e deve ser brinquedo de passar no olho um do outro, sob recomendação de Haag. E pode ser acompanhado de uma fala sobre o fato de ser macio.

Todos os brinquedos que tenham a característica de ir e vir, bola rolando no chão sendo devolvida entre paciente e analista, por exemplo, são instrumentos para assegurar que existe a dobra, isto é, continência, ida e retorno. As

---

que ele conseguisse desfrutar do passeio. Sua intuição revelou que estava em jogo justamente essa necessidade que aqui apontamos. Ver Folha de S.Paulo, 11 de janeiro de 2015.

dobras de tecidos (colocados, de preferência seda ou suaves), das cortinas, da saia ou da calça do analista podem ser inseridos nesse contexto de experienciar essa possibilidade rítmica de vaivém.

A primeira integração num bebê normal, isto é, a introjeção de uma primeira pele psíquica, refere-se então a esse "olho no olho" (tão intenso a partir do segundo mês de vida), acrescido da interpenetração da boca e combinado com o suporte posterior da junção costas-nuca-pescoço, integrando também o envelope verbal suave. A partir desse momento o sentimento-sensação de ter esse primeiro envelope em vias de diferenciação começa a se esboçar com, talvez, um mínimo de sentimento de "espaço" entre as duas peles.

Se tudo correr suficientemente bem, a próxima etapa será começar a fazer analogias entre seu corpo/continente de fluídos e gases e os objetos que contêm coisas, como potes, copos etc. Estará, então, apto para essas simbolizações primárias. Partes côncavas do corpo (boca, mão) serão também experienciadas dentro dessa mesma simbologia. Tudo o que puder expressar conter e ser contido. Daí a etapa seguinte é a simbolização secundária, que é a aquisição da linguagem.

A Psicanálise resgata, com essa fundamentação teórico-clínica, a importância do corpo na constituição primordial do psiquismo.

Expondo todo esse trajeto para nascer psiquicamente, descrito em mais detalhes no livro recém-lançado "Virando Gente - a história do nascimento psíquico" em coautoria com Maísa Roxo, Sara Kislanov e Maria Cândida Soares, podemos perceber que essa construção do ego vai ser necessária no tratamento da criança autista. Tendo sofrido uma falha básica, nos termos de Balint, vai precisar inaugurar a continência que não teve. Isso só é possível através da transferência, instrumento analítico por excelência.

Mais do que nunca, no caso das crianças autistas a possibilidade de viver na relação transferencial com o analista as experiências de transbordamento que não puderam ser contidas nem por uma dobra de olhar, nem por um suporte em vários sentidos, significa encontrar o envelopamento necessário para que possa ter um senso mais seguro de sua existência.

Gostaria de assinalar que iniciativas importantes têm acontecido na França, através de instituições como a CIPPA e o GERPEN, visando enfatizar o lugar da Psicanálise nos enfoques do autismo. Penso que a iniciativa deste seminário sobre autismo promovido pela SBPRJ caminha nesta mesma direção. Daí sua importância.

Só para citar duas contribuições nesse sentido:

1) Fevereiro de 2013, congresso da CIPPA com o título "Autismo e Psicanálise – evolução das práticas, pesquisas e articulação", com publicação posterior do mesmo nome (2014).
2) Artigo de G. Haag intitulado: "Os avanços teóricos na clínica psicanalítica do autismo – natureza das angústias e das defesas. Entrecruzamento com outros campos de pesquisa", apresentado no congresso citado anteriormente (um *site* com todas as

suas publicações pode ser consultado: www.genevievehaagpublications.fr).

À guisa de conclusão:

O tema aqui desenvolvido, "o autismo", pode nos levar a uma contribuição ainda mais ampla. O psicanalista P. Fédida, em seu artigo de 1990, intitulado "Autoerotismo e autismo: condições de eficácia de um paradigma em Psicopatologia" propunha o autismo como um verdadeiro paradigma teórico-clínico.

Portanto, o estudo dessa falha grave na formação da continência vai servir como base/modelo para a compreensão das chamadas "organizações narcísicas". Isto porque, numa gradação menor, esses pacientes sofreriam também de um ego mal consolidado, ainda não constituído inteiramente, como nos revela Winnicott ao falar de uma terceira categoria de pacientes na Psicanálise, em seu texto "Formas Clínicas da Transferência"[36].

Diz Fédida:

"O autismo adquiriu tal nível de pertinência semioclínica que sua descrição fenomenologicamente apurada transforma-se numa verdadeira fonte de modelização."

Os "pacientes modernos", como os denomina J. Kristeva em seu livro "Novas Doenças da Alma": as adicções, os casos-limite, as psicossomatoses e certos quadros de depressão encontram-se nessa condição de envelopes artificiais de continência, numa tentativa de criar próteses psíquicas (obesidade, alcoolismo, por exemplo) que funcionem forjando um ego,

---

36 Winnicott, D. W. Formas clínicas da transferência (1955-6). In: Da Pediatria à Psicanálise. Rio de Janeiro: Editora Imago, 2000.

na falta da construção deste. Vivem numa ilusória sensação de continência, que pode ser rompida em algum momento. Mas isso já é uma outra história...

## Notas finais

Três outros artigos foram divulgados pela mídia recentemente:

1) O autismo que seria provocado pela vacina tríplice viral, que logo depois foi desmentido pelo noticiário da pesquisa do Grupo Lewin, nos Estados Unidos, que não encontrou nenhuma relação entre a vacina MMR (sarampo, rubéola e caxumba) e o transtorno de espectro autista. Incluo aqui o link: http://oglobo.globo.com/sociedade/saude/estudo-aponta-que-nao-ha-ligacao-entre-vacina--triplice-viral-autismo-15937861.

2) A pesquisa que relacionou a possibilidade de certos pesticidas, usados em agricultura, provocarem autismo. O link: http://www.noticiasnaturais.com/2015/04/cientista-do-mit-o-glifosato-causara-autismo-em-50-das-criancas-ate-2025/#ixzz3Y5U1PXcF.

3) A incidência de autismo relacionada à idade dos pais. O link: https://oglobo.globo.com/saude/estudo-identifica--maior-incidencia-do-autismo-entre-filhos-de-maes-adolescentes-16379927

Para ser justa, incluo aqui também o artigo de Nilson Sibemberg, a partir da jornada nacional promovida pelo "Movimento Psicanálise, Autismo e Saúde Pública", mostrando a resistência que a Psicanálise tem sofrido quanto a sua contribuição sobre o autismo, por ter culpabilizado os pais, predominantemente a mãe, pela aquisição da doença. Porém, seu texto, a meu ver, é frágil no que diz respeito à eficácia do tratamento. O link: http://vida-estilo.estadao.com.br/blogs/crianca-em-desenvolvimento/os-autistas-seus-pais-e-a-psicanalise/. Em vários trechos apresenta o ponto de vista de que a Psicanálise, em sua clínica do autismo, "aponta para a direção da constituição de um sujeito imerso no mundo da linguagem e das relações sociais recíprocas, incluindo aí o outro semelhante..." Considera que não se trata mais de identificar a "frieza" da mãe, mas seu sofrimento em seu desejo frustrado de um bebê saudável. No entanto, segue afirmando que "a criança apresenta sinais que apontam para uma impossibilidade de fazer laço com o outro materno e também com outros a seu redor, além do atraso na linguagem". Mas novamente essa visão é insuficiente. Afinal: o que é causa e o que é efeito? E, pelo visto o corpo não é considerado, só numa rápida menção a pulsão em Freud. Mas nada relativo ao corpo na origem do psiquismo, nem a tudo que foi aqui apresentado.

Duas referências na literatura, onde o narrador é um autista:

1) "O som e fúria" de William Faulkner, Portugália, 1960 (originalmente The sound and the fury, 1929).
2) "Meu mundo misterioso – testemunho excepcional de uma jovem autista" de Donna Williams, ed. Thesaurus, 2012 (originalmente Nobody Nowhere, 1992).

## Instituições francesas dedicadas ao estudo do autismo

GERPEN (*Groupe d'Étude et Recherche Psychanalytiques de l'Enfant et Nourrisson*) – http://www.gerpen.org/.
Association AUDIT – http://www.audit-asso.net.
CIPPA – http://www.cippautisme.org.

## Fundação/arquivo Frances Tustin

Fundação Frances Tustin Memorial Trust – Los Angeles.

## Artigos de G. Haag em seu *site* pessoal

http://www.genvievehaagpublicatiions.fr.

**Agradecimentos:** às alunas Fernanda Rase e Gisele Fernandes pela informação dos links de matérias jornalísticas tratando de autismo na mídia brasileira em 2015.

# 10

## Ameaça à continuidade da existência – a evolução das noções psicanalíticas sobre o autismo[37]

Pela segunda vez participo do seminário sobre autismo organizado pelo CPRJ. Em 2015, apresentei um texto cuja introdução ilustrava algumas das chamadas contribuições de outras áreas de saúde, veiculadas nos meios de comunicação, sobre a possível origem do autismo e seus tratamentos. Expus, no entanto, em oposição a esses pontos de vista, as formulações teóricas e clínicas de duas autoras, psicanalistas, uma inglesa e outra francesa, que fundamentam a visão psicanalítica atual sobre essa psicopatologia: Frances Tustin e Geneviève Haag.

A primeira tem obra de notório reconhecimento nos anos 1970/1980 (diversos livros publicados) e seu famoso caso de análise do menino autista John, que foi exposto em várias publicações. A segunda (anos 1990 até hoje), contemporânea, portanto, com mais de 150 artigos publicados

---
[37] Trabalho apresentado no II Seminário sobre Autismo do Círculo Psicanalítico do Rio de Janeiro, junho de 2016.

sobre o tema, fundadora do GERPEN (Grupo de estudos e pesquisa em Psicanálise de bebês e crianças), é também referência em observação de bebês no método Esther Bick, na França, por mais de 25 anos. O caso analítico tratado por esta autora, o menino Baptiste, exímio desenhista de história em quadrinhos, deixou elementos preciosos para esclarecer o percurso e os avanços no tratamento.

Não pretendo repetir essa trajetória já descrita anteriormente. Desta vez quero ressaltar um aspecto que me parece crucial, e que une também o pensamento dessas autoras: o autismo como consequência à ameaça da continuidade da existência.

Parto aqui de um comentário feito pelo psicanalista Gilberto Safra, anos atrás, numa conferência aqui mesmo no CPRJ: "É mais fácil morrer do que deixar de existir".

Diante das angústias impensáveis (Winnicott), o risco de perder a existência é vivido de forma intensa. Liquefazer-se, dissolver, derramar-se, explodir pela ação de gases intestinais, cair num espaço sem fim, numa queda catastrófica, são sensações corporais chamadas "originais" (Freud) de todo ser humano. Para garantir que tenham continência é necessário todo um trajeto de construção de um ego corporal.

Na impossibilidade de que isso aconteça, ou melhor em situações de privação (Winnicott/Safra) dos cuidados básicos nos primórdios da vida, teremos desde o quadro mais grave como o autismo até as patologias chamadas "modernas", como as adições, os *borderlines*, as somatizações e certos quadros de depressão. Estes mostram também egos mal construídos, tentativas artificiais de forjar um ego.

Tal é a ameaça de perda da existência que a descrição autobiográfica de uma autista nos dá prova disto. Donna Williams, no título de um de seus livros (traduzidos em várias línguas), confirma essa angústia: "Se me tocam, eu não existo mais". Escrito em 1992, com um prefácio do Dr. Lawrence Bartak, diretor do centro de estudos da criança em Monash, na Austrália, país onde vivia D. Williams, o livro tem uma das traduções em francês, de 2006, com o título, justamente *"Si on me touche, je n'existe plus – le témoignage exceptionnel d'une jeune autiste"*[38]. Isto quer dizer: se alguém a tocasse ela sentia que podia deixar de existir.

D. Williams foi tratada em seu país por um analista kleiniano. Mas posteriormente manteve contato com F. Tustin (telefonemas, já morando na Inglaterra) onde declarou que "o seu livro foi o único que fez sentido para mim" (referia-se aqui ao "Buraco negro – barreiras autistas em pacientes neuróticos"). Tustin identificou a qualidade literária e a importância de seus textos, encaminhando-os para publicação[39].

Uma observação interessante é que Dr. Bartak, especialista em atendimento de crianças autistas por mais de 25 anos, declara, naquela ocasião, que o autismo era uma doença rara, mas muito embaraçosa: 4 crianças em 10 mil.

Quero tratar aqui, portanto, das ameaças fortes ao "continuar a ser". Se pudermos nos deter nas estratégias de sobrevivência psíquica que as crianças autistas lançam mão para enfrentar essa ameaça, vamos poder compreender

---

38  WILLIAMS, D. Meu mundo misterioso: testemunho excepcional de uma jovem autista. Trad. brasileira pela Editora Thesaurus, 2012.
39  Alguns dos títulos de outros livros de D. Williams: "Ninguém em nenhum lugar" e "Alguém em algum lugar".

uma série de sintomas por elas apresentadas e, talvez, apoiados na Psicanálise aqui apresentada, possamos tratar e ocasionar curas.

Proponho enumerar uma série de ações da criança autista e sua respectiva compreensão aos olhos de uma Psicanálise sensível e bem fundamentada.

## Mutismo

Como fazer a criança autista falar se ela tem a sensação de que perdeu sua boca, seus lábios, que foram junto com a mãe na separação abrupta? Assim, compreendemos o motivo da falta de linguagem, mesmo que a área cerebral responsável pela fala esteja preservada[40]. Para emitir os primeiros fonemas, os bilabiais precisamos de nossos lábios. Mas se não os sinto? Abro parênteses para dizer que Winnicott, em 1963, já fazia essa mesma observação em seu texto: "Os doentes mentais na prática clínica", mesmo não trabalhando com crianças autistas. Suas palavras: "...a perda pode ser de certos aspectos da boca, que desaparece do ponto de vista do lactente junto com a mãe e o seio, quando há uma separação em uma data anterior àquela na qual o lactente alcançou um estágio do desenvolvimento emocional que propiciaria para ele o equipamento para lidar com essa perda"[41].

---

40  Vou incluir aqui um elemento importante no que diz respeito aos bloqueios fonéticos. A criança autista apresenta uma clivagem entre o duro e o macio, sentindo como extremidades sensoriais. Daí essa problemática do muito duro e do muito macio se evidenciar na dificuldade em articular o "d", pela explosão temida desse som, e principalmente o "t". Além deste ser um fonema que tem a ponta da língua contra as raízes dos dentes (ponto mais próximo das experiências primitivas de mamar), ele é o som mais duro, segundo Fonagy. Confirma-se, assim, que algo muito duro precisa ser evitado, então não há como pronunciá-lo.
41  WINNICOTT, D. W. Os doentes mentais na prática clínica (1979). In: O ambiente e os processos de maturação. São Paulo, Editora Artmed, 1983, p. 196-206.

E G. Haag afirma, de forma surpreendente, que para fazer o autista falar há que começar pelo olhar e não pela boca. Daí o mutismo dos autistas se desfazer não com exercícios orais e sim por um reasseguramento de que o olhar do outro tem retorno, ida e volta, na experiência tátil do olhar.

## Terror com barulhos de água escorrendo dentro de canos

Exemplos de análise de crianças autistas mostram que no início algumas sentem muita angústia ao ouvir o som de água correndo dentro de algum encanamento na parede do consultório. A ponto de se afastarem correndo e gritando. Com a evolução do tratamento, ao contrário, ficam curiosas e, se puderem abrir torneiras numa pia, vão querer acompanhar com o ouvido, colado ao cano, o barulho desse fluxo da água. F. Tustin nos mostrou que a sensação corporal de tubos e canos que o bebê sente com seu aparelho digestivo em ação, enquanto mama (seio ou mamadeira), trazem-lhe o conforto de que não se liquefaz, não vaza, não se esvai. Seus líquidos são contidos por esse "sistema de canos", o que significa a consciência de "interiores". Em uma conferência reproduzida no *site* www.psynem.necker, G. Haag afirma no capítulo sobre o sonoro: "Houve um fenômeno clínico que pude acompanhar por 15 anos, sem entender, e me limitava apenas a gravar. Era um especial interesse, por parte das crianças autistas, de um lado no que se refere à fobia e, quando se sentiam melhores, havia um superinvestimento em relação aos ruídos/burburinho dos encanamentos. Eu trabalhava numa grande instituição, em que havia um encanamento, e às vezes ouvíamos grandes barulhos nos canos. As crianças em estado de fobia dos sons tapavam os ouvidos e também gritavam. Depois, quando eles retomavam o contato e estavam se sentindo melhor, havia um fenômeno muito frequente, que era o prazer que eles tinham ao ouvir esses borbotões".

## "Pegar a mão do outro para fazer"

O gesto habitual do autista "pegando a mão do outro para fazer". Ele une sua metade com a metade do outro e assim tenta fazer um só com a mão do outro. Essa é uma maneira muito comum que a criança autista apresenta ao desenhar com a mão do outro como se fosse a sua. Aqui, outro aspecto importante para a continência no próprio corpo do bebê é a sensação de coluna vertebral, que segundo G. Haag deve ser sentida como um eixo que solda as duas metades. Em seu artigo muito elogiado "A mãe e o bebê nas duas metades do corpo", Haag mostra que entre o quarto e o quinto mês o bebê se dá conta que tem partes em dobro: duas pernas, dois braços, duas orelhas, dois olhos e até duas nádegas. Sua coluna vai unir essas metades. Ao bater as palminhas, que tanto emociona pais e mães, sabemos que ele está comemorando naquele momento essa união. As crianças autistas com hemiplegia autística demonstram que não puderam construir essa união. Estão ainda pela metade. A patologia das crianças autistas, que permanecem num estado de não integração desses níveis de desenvolvimento, demonstra esse estado "mal-colado". Entretanto os bebês que uniram essas duas metades nos apresentam mais tarde, em seus primeiros desenhos geométricos, o desenho da cruz, representando esse esqueleto interno que solda as metades, assim como o desenho do círculo representa a integração conquistada. G. Haag lembra também nesse artigo que F. Tustin já dizia, em 1982, que os esquizofrênicos são partidos em pedaços e os autistas são separados em dois, em duas metades.

## O olho "bico"/predador

O olhar "bico"/predador, que essas crianças temem. Muitas vezes em evolução no tratamento analítico procuram cobrir as pontas de móveis ou brinquedos com pelúcia, transformando o que seria duro em macio. São as quinas, por exemplo, num dos casos de G. Haag, do aquecedor da sala que recebeu de um autista algodão para amaciá-las. Algumas crianças brincam de colocar algodão também na ponta do bico de pássaros de brinquedo, como se pudessem amaciar aquele olhar que pode ser sentido como um olhar predador. A criança Paul, autista em tratamento analítico com G. Haag, expressava seus medos antigos de olhar de natureza predatória (bicos de pássaros): ele aproximava, então, docemente o canto de seu olho direito desse bico. Em seguida parecia "pensar" e ia procurar um pequeno pato de pelúcia muito macia e superpunha esse bico doce no bico duro do pássaro.

A respeito da interpenetração do olhar cabe dizer que dois aspectos estão em jogo: ser envolvente e penetrante (sem ser perfurante). Dentro dessa perspectiva, o trabalho analítico com autistas é o convite a acreditar que há olhos doces no analista e o uso de pincéis com pontas peludas e macias pode e deve ser brinquedo de passar no olho um do outro, sob recomendação de Haag. E pode ser acompanhado de uma fala sobre o fato de ser macio. Haag aponta a importância dos movimentos de vaivém tanto da interpenetração dos olhares mãe-bebê quanto do bico do peito na boca (durante o aleitamento) como garantia de um ritmo fundamental para a estruturação psíquica.

Em seu texto "Sexualidade oral e eu corporal"[42] ela reafirma que as crianças autistas nos dão informações importantes sobre a impossibilidade do mergulho no olhar do outro. "Com efeito, nessas crianças, além do medo de cair para o outro lado da pupila na não recepção/rebote, há o medo nitidamente expresso por alguns de um olho predador". E, segundo ela, se não houver retorno, tudo acontece como se o "cacho de sensações" (Tustin, 1986) caísse para o outro lado dos olhos do outro. Daí apresentar várias demonstrações muito concretas deste tipo da parte de crianças autistas que encenavam uma caída para o outro lado da cabeça após uma ausência ou um momento de incompreensão.

## Objetos autistas

Em inúmeros casos o uso de um objeto autista (não importando o objeto em si), assim denominado por F. Tustin, garante, por sua solidez física, a ilusão de uma não separação. Esses objetos são gerados pelo sentido do tato. Não são objetos num sentido objetivo, senão que são sentidos como sendo partes do próprio corpo do sujeito. São objetos duros, sólidos, tais como trens ou carrinhos de brinquedo, que as

---

42  HAAG, G. Sexualidade oral e eu corporal. In: Revista de Psicanálise da SPPA, vol. 13, nº 1, abril de 2006.

crianças autistas levam todo tempo consigo. Podemos entender que as crianças sentem que ao fazer isso a dureza lhes garante a certeza de uma continuidade. O objetivo, diria Tustin, é manter o não eu ao largo, isto é, evitar a todo custo a quebra de continuidade corporal que traria de volta o trauma do contato com esse não eu vivido tão precocemente, quando o bebê ainda não estava preparado para tal.

Importante dizer que esse objeto é muito diferente do objeto transicional, postulado por Winnicott, do tipo ponta de tecido ou do ursinho que muitas crianças que se desenvolvem normalmente costumam levar para todo lado. Este faz parte, ao contrário, de elaborar a ausência da mãe, como um substituto dela, numa separação que é realizada de forma gradativa e não abrupta, como foi com o autista. Neste caso, como já falado antes, houve uma aceleração no sentimento de separação corporal que "cortou" a ilusão normal da continuidade corporal com o outro, no caso a mãe. Portanto, a criança perde muito depressa a ilusão de não separação, ou melhor quase não houve a fusão inicial tão necessária.

## Aderência

A colagem ao corpo do outro ou às paredes. Se mantenho as costas grudadas numa parede me certifico que ela faz parte de mim. Como também colar no corpo do terapeuta, ou no dos pais, fornece uma sensação que aplaca o terror de perder a existência. Não se trata aqui de simbiose, como muitas vezes é erroneamente interpretado. Como não houve a fusão necessária e muito menos a necessária gradativa separação de corpos, a colagem é uma maneira de evitar o desamparo físico produzido pelas angústias transbordantes.

Assim "aderido" o autista tem o ambiente como um suporte físico/sólido para a não desintegração.

Uma imagem que pode nos ajudar é imaginar que a criança tenta, como um polvo, lançar todos os tentáculos possíveis para estabelecer uma continuidade infinita de sensações. É comum que a criança autista queira enfileirar carrinhos no chão sem parar ou pegar um objeto que toque em outro, que esteja tocando em outro, assim infinitamente.

O mais surpreendente é que, ao contrário do que se pensava, o autista não está insensível ou anestesiado dentro dessa "concha" e sim, sabemos agora, ele se encontra imerso numa intensidade sensorial extrema, como se esse "estar ligado" o deixasse plenamente mergulhado num mundo de sensações sem fim, isto é, numa ilusão de plena continuidade. Porém com a contrapartida de ficar isolado neste mundo extremamente sensível.

## Cair no espaço sem fim

Aqui podemos falar da impressão de um tipo de angústia corporal que a crianças autistas podem ter de perder os limites, de ficarem perdidas no espaço infinito.

Um exemplo disto aparece nos desenhos do paciente Baptiste, já citado, de G. Haag. Ele tinha o hábito de desenhar torres de transmissão elétrica. Estas tinham vindo a representar para ele como os fios de ligação, alguma coisa de comunicação, alguma coisa das ligações que trazem energia também. Um dia a analista teve que se ausentar por um tempo, e em seguida o menino desenhou duas torres que não tinham mais ligação entre si, e uma das quais estava quebrada. E ele arremedou uma espécie de explosão enorme com alguma coisa de tudo perdido. Era como uma explosão no meio de uma sonoplastia. Assim que Haag perguntou o que era aquilo, ele respondeu (e ainda nem tinha uma linguagem muito constituída, nem era uma palavra que houvessem empregado antes): "É o espaaaaaaço!"

## Os sons do lado de dentro do útero

Sabemos hoje que os sons penetram no útero e o feto, demonstrado nos registros de ultrassonografias, reage principalmente aos sons aleatórios, como o intestino da mãe (vizinho à parede uterina) ou vozes e ruídos externos. De uma posição fetal, como chamamos aquela em que a coluna fica em arco apoiada na parede do útero, o feto se estica ao ouvir o ruído, numa extensão dorsal. Numa conferência de Haag datada de 2006, no capítulo sobre a Problemática do sonoro (2), ela diz: "A primeira reação tônica de um feto é a extensão dorsal, a hiper-extensão. Se esta hiper-extensão for forte demais ela vai estagnar todo o resto do desenvolvimento. As pesquisas de A. Bullinger e de S. Mayello confirmam a hipótese de que a hipersensibilidade aos barulhos nos autistas inicia-se no útero e pode afetar a formação do lobo temporal superior do cérebro, devido a essas intensas hiper-extensões. Não é uma perspectiva puramente cerebral, é produzido pelo ambiente sonoro ao que o feto no útero estará exposto"[43].

---

43   Ver também de Haag G.: "Reflexões de psicoterapeutas de formação psicanalítica que cuidam de indivíduos com autismo, após a publicação dos resultados de uma experiência

Esta foi uma grande polêmica na França por conta da afirmação da revista Nature[44] de que estava confirmada a causa de as crianças autistas não reconhecerem voz humana: elas teriam a área cerebral, responsável por essa discriminação, malformada. Por conta disso, Haag e outros pesquisadores de autismo reagiram e provaram que essa não era a causa, e sim a consequência de haverem essas crianças quando fetos terem recebidos sons invasivos e estridentes ocasionando danos justamente nessa área em formação.

## Os sons do lado de fora

Na maioria dos casos, as crianças autistas emitem sons explosivos ou estridentes, sem muitas vezes conseguirem contê-los. Aqui exprimem justamente a angústia de que um "bang!" ocorra, causando um estrondo e o desaparecimento de tudo. Podemos associar alguns dos sons ao de um metrô chegando na estação. O paciente Baptiste de Mme Haag, fascinado por metrôs nas estações de Paris, dava bons exemplos disso.

Porém, na medida em que recebia da analista um envelope verbal suave, com um ritmo de "dobra" também na voz, além do olho no olho, ele já não precisava desses gritos. D. Meltzer, psicanalista inglês, com uma obra importante sobre desenvolvimento emocional[45] e supervisor

---

acerca das áreas cerebrais abrangidas pelo tratamento da voz humana em 5 adultos com autismo".
44 H. Gervais, M. Zilbovicius e colaboradores, agosto de 2004. Um resumo deste trabalho saiu no jornal Le Monde, em 24 de agosto de 2004, e provocou a indignação de inúmeros psicanalistas especialistas em autismo. ZILBOVICIUS, M.; GERVAIS, H.; BELIN, P.; BODDAERT, N.; LEBOYER, M.; COEZ, A.; SFAELLO, I.; BARTHÉLÉMY, C.; BRUNELLE, F.; SAMSON Y. Abnormal cortical voice processing in autism. Nature Neuroscience, vol. 7, nº 8, 2004, p. 801-802.
45 MELTZER, D. *et al.* Explorations dans le monde de l'autisme. Paris: Payot, 1980.

de G. Haag, dizia que o fato de Baptiste emitir um som de metrô ao caminhar do consultório até a sala de espera para encontrar sua mãe (uma dezena de metros), finda a sessão, era devido ao fato de que também aquele som lhe dava uma sensação de continuidade necessária diante da situação de separação da analista.

Aqui, gostaria de acrescentar o caso da autora do livro Songs of the Gorilla Nation: My Journey through Autism, de Dawn Prince-Hughes[46], livro este que tornou-se um *best-seller*. Sua descrição do mundo dos gorilas e a relação com sua jornada como autista é impressionante e reveladora dos aspectos aqui apresentados.

Uma curta passagem feita do capítulo 5, "Music Behind the Looking Glass Cage", onde Dawn, que se tornou antropóloga com seus estudos sobre gorilas, relata sua experiência de som e de silêncio.

"O primeiro dia em que fiz um lanche e fui ao zoo sozinha eu me senti subitamente liberada. (...) Eu fui ver os leões e cangurus, os pinguins. Eu vi cavalos e hipopótamos, girafas, búfalos e elefantes. (...) Mas através da chuva e com um tempo de espera eu vi os gorilas. (...) Eles não olharam para mim, mas eles sabiam que eu estava lá. Eu fiquei ainda sentada. Eu fiquei ainda sentada. Eu fiquei sentada por uma hora, duas e três. E fiquei ainda sentada.

Eles não se olhavam entre eles e não olhavam para mim. Ao invés disso, eles olhavam para todas as coisas. Eles eram tão delicados e calmos que eu sentia como se estivesse vendo pessoas pela primeira vez em toda a minha vida, realmente

---

[46] PRINCE-HUGHES, D. Songs of Gorilla Nation: My journey through autism. New York: Three Rivers Press, 2004.

olhando-os, livres de agir, livres da opressão que vem com o impetuoso e imprudente som, os cegos "olhares fixos" e desconfortáveis fechamentos que marcam a conversa (fala) das pessoas humanas. Em contraste, esse povo cativo falava docemente, seus corpos poéticos, suas faces e danças poéticas, conversações fora do espaço e do passado. Eles eram como eu.

E assim nós passamos esse primeiro dia, olhando sem olhar, compreendendo sem falar. Escrevendo poesia em nossas vidas, e lendo-a como tecendo. Depois desse dia, eu voltei ao zoo pelo menos uma vez por semana e fiquei com os gorilas por horas em silêncio.

Eu nunca disse a ninguém que eu estava indo ao zoo, isso era meu 'segredo de estado'."

## Os dedos grudados

O teatro das mãos. Algumas crianças autistas mantêm os dedos grudados, sem poder admitir a separação. Segundo Haag, em seu artigo "Teatro das Mãos", uma garotinha autista era incapaz, no início, de fazer ela própria o contorno de suas mãos (desenho com lápis): ela tentava, mas conseguia no máximo marcar um ou dois traços penetrantes entre os dedos medianos, que tinham dificuldade em se separar.

Em progresso no tratamento, a criança consegue reproduzir a imagem olhando sua mão aberta, com os dedos separados. Seguindo a linha que contorna seus dedos ela tem a sequência de dobras e, bem mais tarde, quando souber desenhar mais, fará o sol com seus raios para representar a mesma ideia: uma estrutura radiada de continência.

Essa mesma importância de algo que vai e vem aparece no prazer de desenhar margaridas, com suas pétalas e um centro, que garante o ponto de retorno. São volteios reconfortantes, consolidando a continência dada pelas dobras.

## Conclusão

A construção do ego corporal é condição para que se dê um nascimento psíquico. M. Mahler (1977), em seu livro "Nascimento Psicológico da Criança", afirmava que o nascimento biológico e o nascimento psíquico não coincidem no tempo. O primeiro tem data precisa e o segundo é um lento desabrochar, a partir das experiências corporais vividas pelo bebê[47].

A afirmação de Freud, de 1923, se confirma: "O ego é antes de tudo um ego corporal". A partir dessa noção, o pensamento winnicottiano se ampliou, levando a pensar que a construção do ego corporal é condição para que se dê um nascimento psíquico.

Com a experiência corporal de continência, o bebê se sente um recipiente com interiores e a discriminação eu/não eu se efetiva. Está colocada, então, a condição para surgir a simbolização primária. Tendo vivido a experiência de ser contido e de conter, o bebê vai fazer analogias, de forma cada vez mais frequente, entre sua experiência de continência e as partes de seu corpo que equivalem a isso. Inicia, nesse momento, segundo G. Haag, uma "caça a esses equivalentes simbólicos"[48].

---

47 MAHLER, M. O nascimento psicológico da criança: Simbiose e individuação. Rio de Janeiro: Editora Zahar, 1977, p. 15.
48 HAAG, G. Approche psychanalytique de l'autisme et de psychose de l'enfant. In: Autisme et Psychose de l'enfant, Ph. Mazet et S. Lebovici (dir.). Paris: PUF, 1990, p. 145.

Todas as possibilidades de encaixe serão bem-vindas: colocar tampas em canetas, encaixar pinos em buracos etc. O interesse do bebê se amplia. Se esse desenvolvimento se cumpre a contento, o bebê estará pronto para novas simbolizações mais desenvolvidas que envolvem o brincar e o falar. Poderá, então, narrar, contar histórias, chegando então à denominada simbolização secundária.

G. Haag refere-se a uma "gestação psíquica", defendendo a necessidade de um aprofundamento do estudo dessas primeiras etapas de formação do ego corporal.

Nos pacientes chamados "modernos", temos a evidência da necessidade ainda da construção de um ego corporal, que não ficou efetivamente assegurado. Para a discriminação eu/não eu é preciso inicialmente um corpo que, contendo os conteúdos físicos, ensine ao ego como conter os conteúdos psíquicos.

Foi a partir desse prisma que outros desdobramentos surgiram na Psicanálise atual: o ego-sensação de F. Tustin, a pele-psíquica de D. Anzieu e novamente o ego corporal e sua formação de continência de G. Haag.

No caso dos autistas, cuja construção foi muito incipiente, todo um caminho vai precisar ser trilhado através da transferência com o analista para que este exerça a função que não houve. Só a partir da interpenetração dos olhares, combinado com o tátil das costas (suporte cabeça-nuca-pescoço-costas) e um envelope sonoro (verbal suave) poderá se efetivar a certeza de que a existência está assegurada.

# Bibliografia

ANZIEU, D.; MONJAUZE M. *Francis Bacon ou le portrait de l'homme désespécé*. Paris: Seuil/Archimbaud, 2004.

ANZIEU D. *O Eu-Pele* (1985). São Paulo: Casa do Psicólogo, 2000.

_____. *O Eu-pele*. São Paulo: Casa do Psicólogo, 1989.

BALINT, M. *A falha básica*: aspectos terapêuticos da regressão. Porto Alegre: Editora Artes Médicas, 1993.

BICK, E. *The experience of the skin in early object-relations*. International Journal of Psychoanalysis, vol. 49, p. 484-486, 1968.

_____. *The experience of the skin in early object-relations*. Int. J. Psychoanal., vol. 49, p. 484-486, 1968. G. et M. Haag (trad. fr.) "L'expérience de la peau dans les relations d'objet précoces", dans D. Meltzer *et al.* Explorations dans le monde de l'autisme. Paris: Payot, 1980, p. 240-244, et dans Collected Papers of Martha Harris and Esther Bick, 1987, The Clunie Press, Strathway, Perthshire, Scotland, J. et J. Pourinet (trad. fr.) "L'expérience de la peau dans les relations d'objet précoces", dans Les écrits de Martha Harris et d'Esther Bick, Larmor-Plage, éditions du Hublot, 1998, p. 135-140.

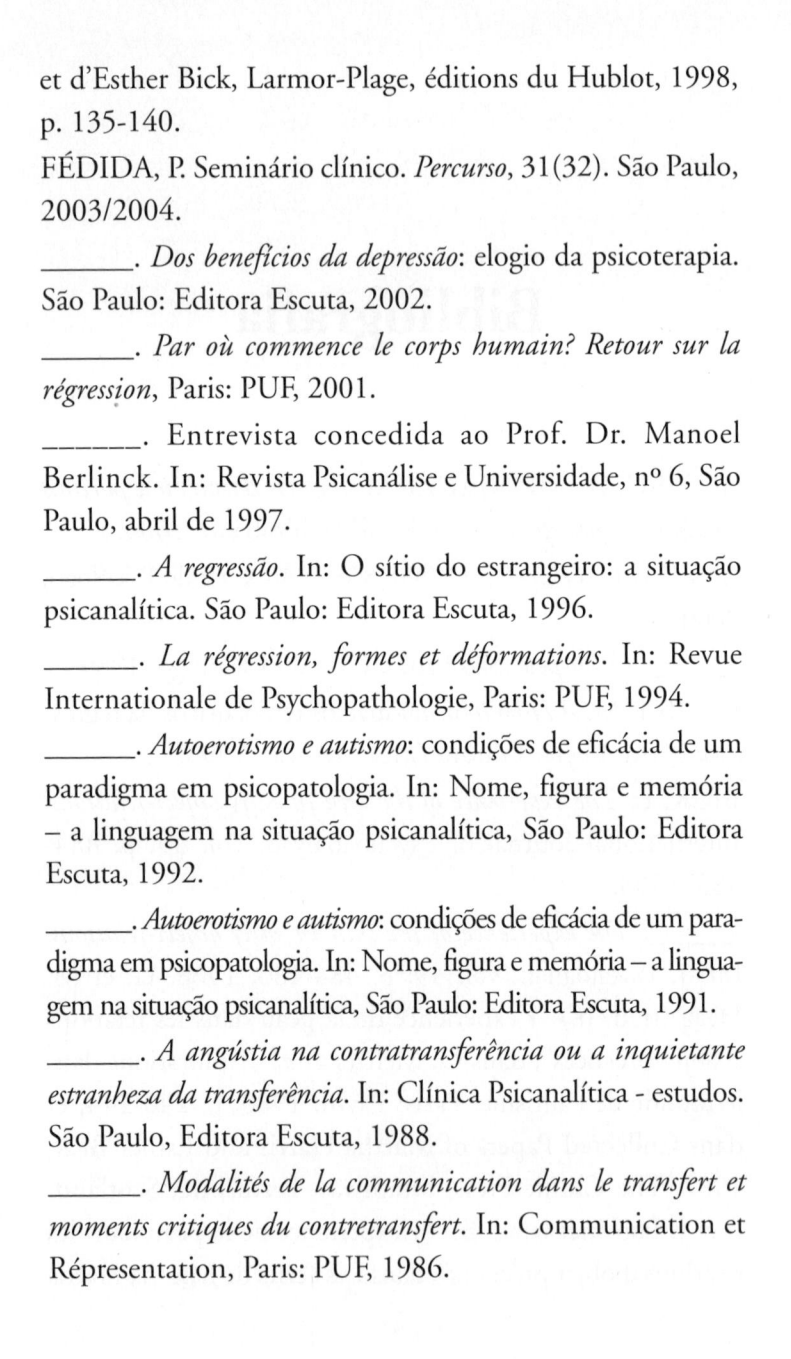

FÉDIDA, P. Seminário clínico. *Percurso*, 31(32). São Paulo, 2003/2004.

_____. *Dos benefícios da depressão*: elogio da psicoterapia. São Paulo: Editora Escuta, 2002.

_____. *Par où commence le corps humain? Retour sur la régression*, Paris: PUF, 2001.

_____. Entrevista concedida ao Prof. Dr. Manoel Berlinck. In: Revista Psicanálise e Universidade, nº 6, São Paulo, abril de 1997.

_____. *A regressão*. In: O sítio do estrangeiro: a situação psicanalítica. São Paulo: Editora Escuta, 1996.

_____. *La régression, formes et déformations*. In: Revue Internationale de Psychopathologie, Paris: PUF, 1994.

_____. *Autoerotismo e autismo*: condições de eficácia de um paradigma em psicopatologia. In: Nome, figura e memória – a linguagem na situação psicanalítica, São Paulo: Editora Escuta, 1992.

_____. *Autoerotismo e autismo*: condições de eficácia de um paradigma em psicopatologia. In: Nome, figura e memória – a linguagem na situação psicanalítica, São Paulo: Editora Escuta, 1991.

_____. *A angústia na contratransferência ou a inquietante estranheza da transferência*. In: Clínica Psicanalítica - estudos. São Paulo, Editora Escuta, 1988.

_____. *Modalités de la communication dans le transfert et moments critiques du contretransfert*. In: Communication et Réprésentation, Paris: PUF, 1986.

FÉDIDA, P. *La construction*: introduction à une question de la mémoire dans la supervision. In: Revue Française de Psychanalyse, n° 49, Paris: PUF, 1985.

FONTES, I.; Roxo, M.; Soares, M. C.; Kislanov, S. *Virando gente* - a história do nascimento psíquico, São Paulo: Editora Ideias & Letras, 2014.

FONTES, I. *A construção silenciosa do ego corporal*, Alter Revista de Estudos Psicanalíticos, vol. 29 (2), Órgão oficial da Sociedade Psicanalítica de Brasília, Brasília, dez. 2011.

_____. *Psicanálise do sensível - fundamentos e clínica*. São Paulo: Editora Ideias & Letras, 2010.

_____. *Depressão e regressão em análise à luz de uma Psicanálise do sensível*. In: Cadernos de Psicanálise do Círculo Psicanalítico do Rio de Janeiro, ano 30, n° 21, 2008.

_____. *A adição sob a ótica da Psicanálise do sensível*. In: Cadernos de Psicanálise do Círculo Psicanalítico do Rio de Janeiro, n. 20, ano 29, Rio de Janeiro, p. 175-189, 2007.

_____. *A adição sob a ótica da Psicanálise do sensível*. In: Cadernos de Psicanálise do Círculo Psicanalítico do Rio de Janeiro, n° 20, ano 29, 2007.

_____. *A ternura tátil*: o corpo na origem do psiquismo. In: Revista Psychê, n° 17, ano 10, São Paulo, p. 109-120, jan-jun/2006.

_____. *Memória corporal e transferência*: fundamentos para uma Psicanálise do sensível, São Paulo, Editora Via Lettera, 2002.

FREUD, S. *O Ego e o Id* (1923). E.S.B., v. 9, Rio de Janeiro: Editora Imago, 1976.

FREUD, S. *Esboço da Psicanálise*. In: S. Freud, Edição standard brasileira das obras psicológicas completas de Sigmund Freud, vol. 23, Rio de Janeiro: Editora Imago, 1969 (trabalho original publicado em 1938).

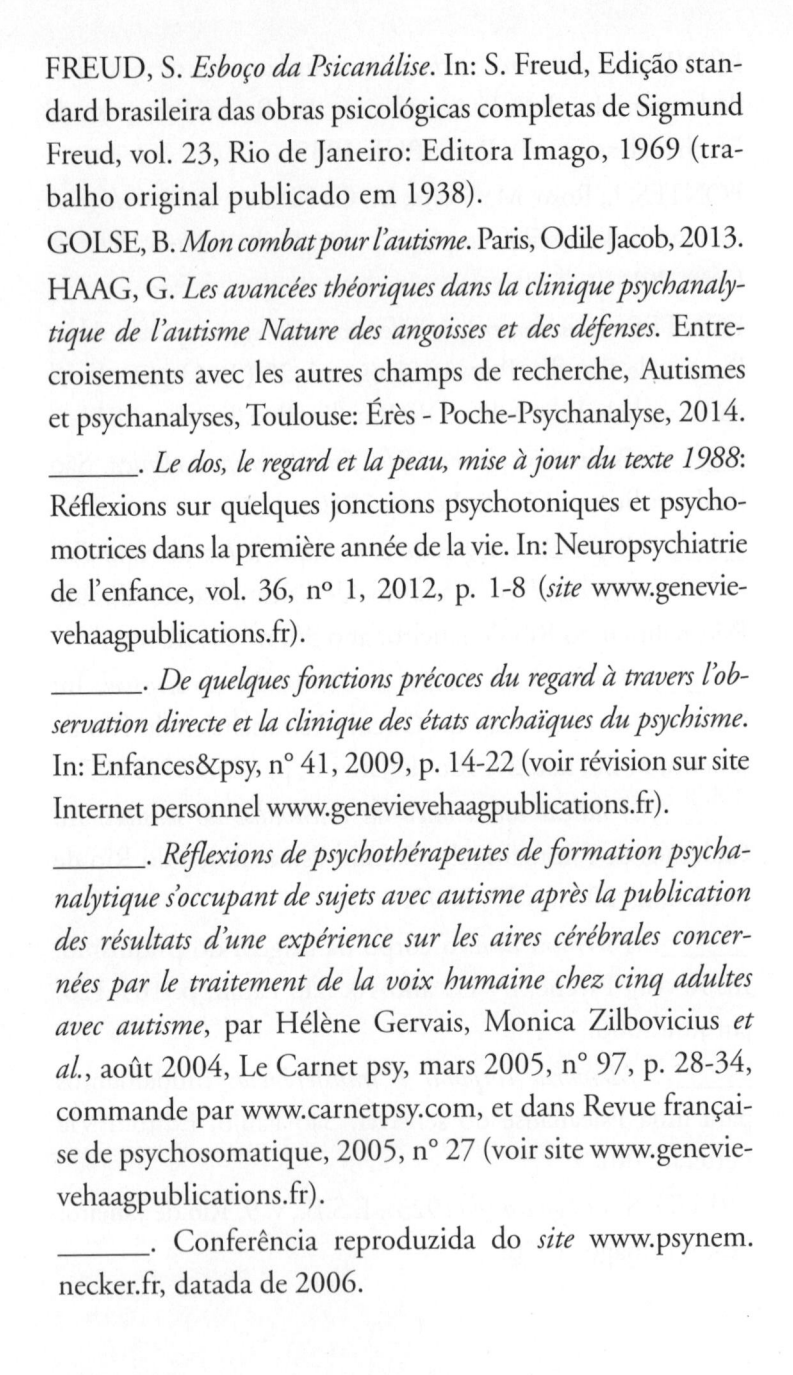

GOLSE, B. *Mon combat pour l'autisme*. Paris, Odile Jacob, 2013.

HAAG, G. *Les avancées théoriques dans la clinique psychanalytique de l'autisme Nature des angoisses et des défenses*. Entrecroisements avec les autres champs de recherche, Autismes et psychanalyses, Toulouse: Érès - Poche-Psychanalyse, 2014.

_____. *Le dos, le regard et la peau, mise à jour du texte 1988*: Réflexions sur quelques jonctions psychotoniques et psychomotrices dans la première année de la vie. In: Neuropsychiatrie de l'enfance, vol. 36, nº 1, 2012, p. 1-8 (*site* www.genevievehaagpublications.fr).

_____. *De quelques fonctions précoces du regard à travers l'observation directe et la clinique des états archaïques du psychisme*. In: Enfances&psy, n° 41, 2009, p. 14-22 (voir révision sur site Internet personnel www.genevievehaagpublications.fr).

_____. *Réflexions de psychothérapeutes de formation psychanalytique s'occupant de sujets avec autisme après la publication des résultats d'une expérience sur les aires cérébrales concernées par le traitement de la voix humaine chez cinq adultes avec autisme*, par Hélène Gervais, Monica Zilbovicius *et al.*, août 2004, Le Carnet psy, mars 2005, n° 97, p. 28-34, commande par www.carnetpsy.com, et dans Revue française de psychosomatique, 2005, n° 27 (voir site www.genevievehaagpublications.fr).

_____. Conferência reproduzida do *site* www.psynem.necker.fr, datada de 2006.

HAAG, G. *Clinique psychanalytique de l'autisme et formation de la contenance*. In: La voix nouvelle de la psychanalyse contemporaine. Le dedans et Le dehors. André Green (dir.), Paris: PUF, 2006, p. 600-629.

_____. *L'enfant autiste et l'objet sonore prénatal*, dans M. F. Castarède, G. Konopczynski (sous la direction de), Au commencement était la voix. Toulouse: Érès, 2005, p. 199-210.

_____. *Sexualité orale et moi corporel*. Topique, 87, p. 23-45 (voir site www.genevievehaagpublications.fr; Les premières organisations pulsionnelles et le Moi corporel), 2004.

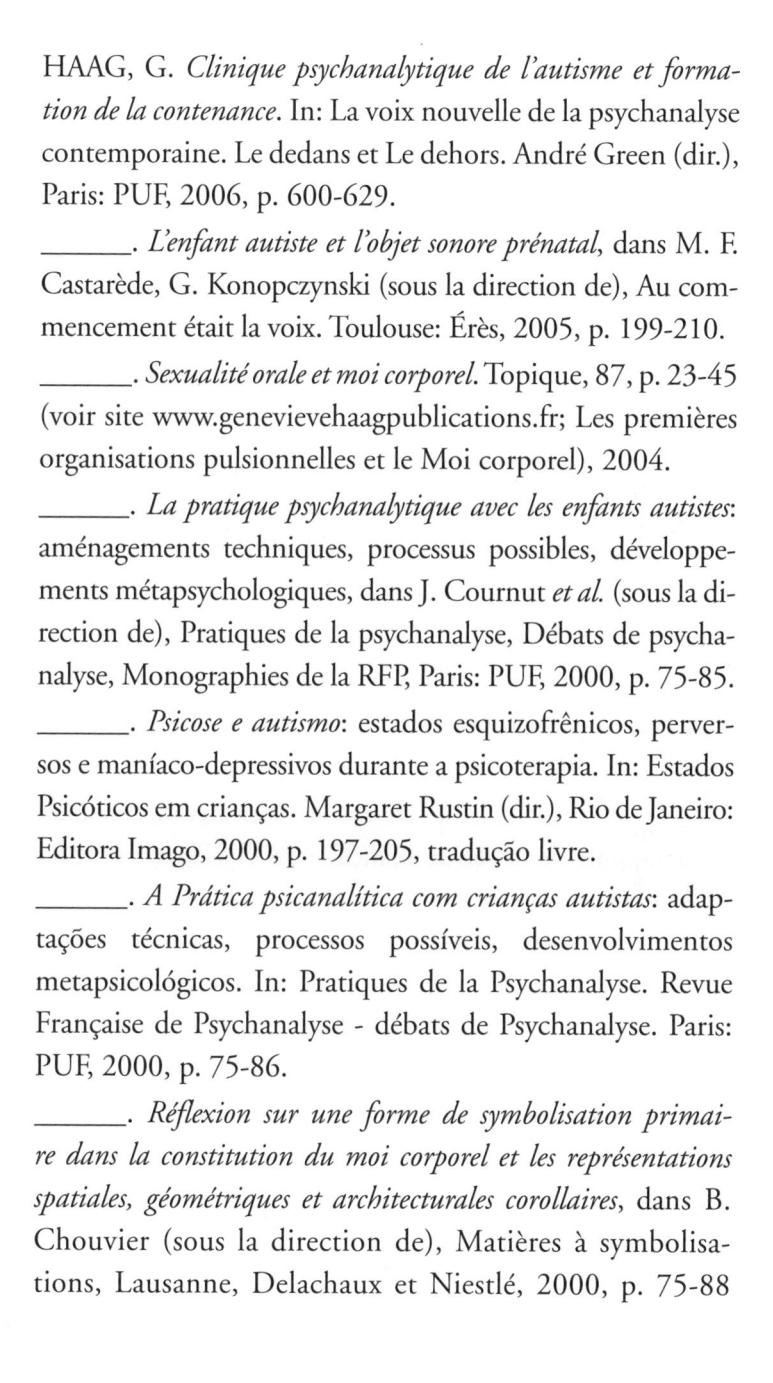

_____. *La pratique psychanalytique avec les enfants autistes*: aménagements techniques, processus possibles, développements métapsychologiques, dans J. Cournut *et al.* (sous la direction de), Pratiques de la psychanalyse, Débats de psychanalyse, Monographies de la RFP, Paris: PUF, 2000, p. 75-85.

_____. *Psicose e autismo*: estados esquizofrênicos, perversos e maníaco-depressivos durante a psicoterapia. In: Estados Psicóticos em crianças. Margaret Rustin (dir.), Rio de Janeiro: Editora Imago, 2000, p. 197-205, tradução livre.

_____. *A Prática psicanalítica com crianças autistas*: adaptações técnicas, processos possíveis, desenvolvimentos metapsicológicos. In: Pratiques de la Psychanalyse. Revue Française de Psychanalyse - débats de Psychanalyse. Paris: PUF, 2000, p. 75-86.

_____. *Réflexion sur une forme de symbolisation primaire dans la constitution du moi corporel et les représentations spatiales, géométriques et architecturales corollaires*, dans B. Chouvier (sous la direction de), Matières à symbolisations, Lausanne, Delachaux et Niestlé, 2000, p. 75-88 (voir révision sur site Internet personnel www.genevievehaagpublications.fr).

HAAG, G. *A prática psicanalítica com crianças autistas*: adaptações técnicas, processos possíveis, desenvolvimentos metapsicológicos. In: Pratiques de La Psychanalyse, RFP, débats de Psychanalyse, PUF, 2000, tradução livre.

_____. *Réflexions sur quelques particularités des émergences de langage chez les enfants autistes*. In: Journal de pédiatrie et de puériculture, vol. 9, n° 5, 1996, p. 261-264 (voir révision sur site Internet personnel www.genevievehaagpublications.fr).

_____. *et al. Observação de bebês*: os laços de encantamento, Porto Alegre: Editora Artes Médicas, 1997.

_____. *Como o espírito vem ao corpo*: ensinamentos da observação referentes aos primeiros desenvolvimentos e suas implicações na prevenção. In: Observação de bebês - os laços de encantamento. Porto Alegre: Editora Artes Médicas, 1997.

_____. *Rencontres avec F. Tustin*. In: Autismes de l'enfance, monographie de la Revue Française de Psychanalyse. Paris: PUF, 1994.

_____. *L'expérience sensorielle fondement de l'affect et de la pensée*. In: L'expérience sensorielle de l'enfance. Cahiers du C.O R., n° 1, Hôpital Gènéral d'Arles, 1992, p. 71-112.

_____. *De la sensorialité aux ébauches de pensée chez les enfants autistes*. In: Revue Internationale de Psychopathologie, vol. 3, Paris: PUF, 1991, p. 51-63.

_____. *Approche psychanalytique de l'autisme et de psychose de l'enfant*. In: Ph. Mazet et S. Lebovici (dir.) - Autisme et Psychose de l'enfant. Paris: PUF, 1990, p.143-155.

HAAG, G. *Abordagem psicanalítica do autismo.* In: Autismo e psicoses da criança. Mazet e Lebovici (dir.), Porto Alegre: Editora Artes Médicas, 1990, p. 128-138.

_____. *A contribuição dos tratamentos psicoterápicos de inspiração psicanalítica para o conhecimento das dificuldades cognitivas específicas das crianças autistas.* In: Les Cahiers de Beaumont. Paris, março de 1990, p. 44-52, tradução livre.

_____. *De la naissance physique à la naissance psychologique.* In: L'aventure de Naître, Le Lezard, 1989, p. 211-223.

_____. *De quelques fonctions précoces du regard à travers l'observation directe et la clinique des états archaïques du psychisme.* In: Cahiers de Psychiatrie Infantile. Echos du Regard, 1989, p. 26-34.

_____. *Réflexions sur quelques jonctions psychotoniques et psychomotrices dans la première année de la vie.* In : Neuropsychiatrie de l'enfance, vol. 36, nº 1, 1988, p. 1-8.

_____. *Hypothèse sur la structure rythmique du premier contenant.* In: Gruppo, Toulouse 2, 1986, p. 45-51.

_____. *De l'autisme à la schizophrénie Chez l'enfant.* Paris, Topique, 1985, p. 47-65.

_____. *La Mère et le bébé dans les deux moitiés du corps.* In: Neuropsychiatrie de l'enfance et d'adolescence, année 33, nº 2-3, Cannes, 1985, p. 107-114.

HOUZEL, D. *L'aube de la vie psychique.* Paris: Editora ESF, 2002.

_____. *Le monde tourbillonnaire de l'autisme.* In: Lieux de l'enfance, n° 3, Toulouse: Privat, julho-1985, p. 169-183.

KRISTEVA, J. *As novas doenças da alma.* Rio de Janeiro: Editora Rocco, 1993.

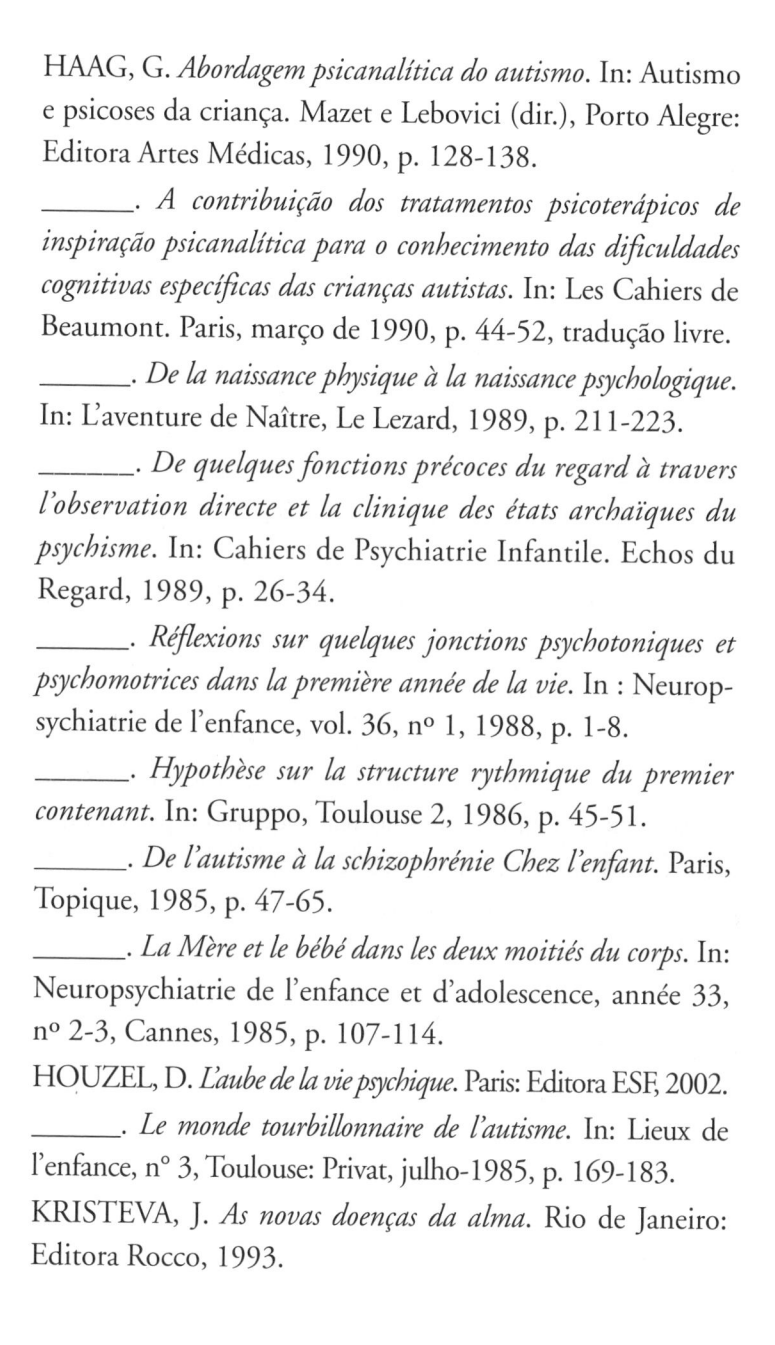

MAHLER, M. *O nascimento psicológico da criança*: simbiose e individuação. Rio de Janeiro: Editora Zahar, 1977.

MARTINO, B. *Les enfants de la colline des roses*. In: Loczy, une maison pour grandir. Paris: JC Lattès, 2001.

MELTZER, D.; BREMNER, J.; HOXTER, S.; WEDDEL, D.; WITTENBERG, I. *Explorations in autism*. Roland Harris Trust, Clunie Press. 1975-1987, G. et M. Haag *et al.* (trad. fr.) "Explorations dans le monde de l'autisme", première édition de la trad. Paris: Payot, 1980, préfacé par G. Haag.

PONTALIS, J. B.; MANGO, E. G. *Freud com os escritores*. São Paulo: Editora Três Estrelas, 2013.

PRINCE-HUGHES, D. *Songs of the Gorilla Nation*: my journey through autism. New York: Three Rivers Press, 2004.

TUSTIN, F. *Ser o no Ser*: un estudio acerca del autismo. Psicoanálisis APdeBA, vol. 17, nº 3, 1995.

_____. *Conversation psychanalytique*. Paris: Audit, 1994.

_____. "Hello, Mrs. Tustin", filme realizado pela Associação Audit para o Colóquio realizado sobre psicoterapia de crianças autistas, França, 1992.

_____. *Barreiras autistas em pacientes neuróticos* (Le Trou Noir de la psyché), Porto Alegre: Editora Artes Médicas, 1990.

_____. *Autisme et Psychose de l'enfant*. Paris: Points Essais, 1977.

WILLIAMS, D. *Nobody Nowhere*. Londres: Random House, 1992. F. Gérard (trad. fr.) "Si on me touche, je n'existe plus". Paris: Robert Laffont, 1992.

WINNICOTT, D. W. *O medo do colapso*. In: Explorações psicanalíticas. Porto Alegre: Editora Artes Médicas, 2005 (trabalho original publicado em 1974).

WINNICOTT, D. W. *A importância do setting no encontro com a regressão na psicanálise*. In: *Explorações psicanalíticas*. Porto Alegre: Editora Artes Médicas, 2005 (trabalho original publicado em 1989m[1964]).

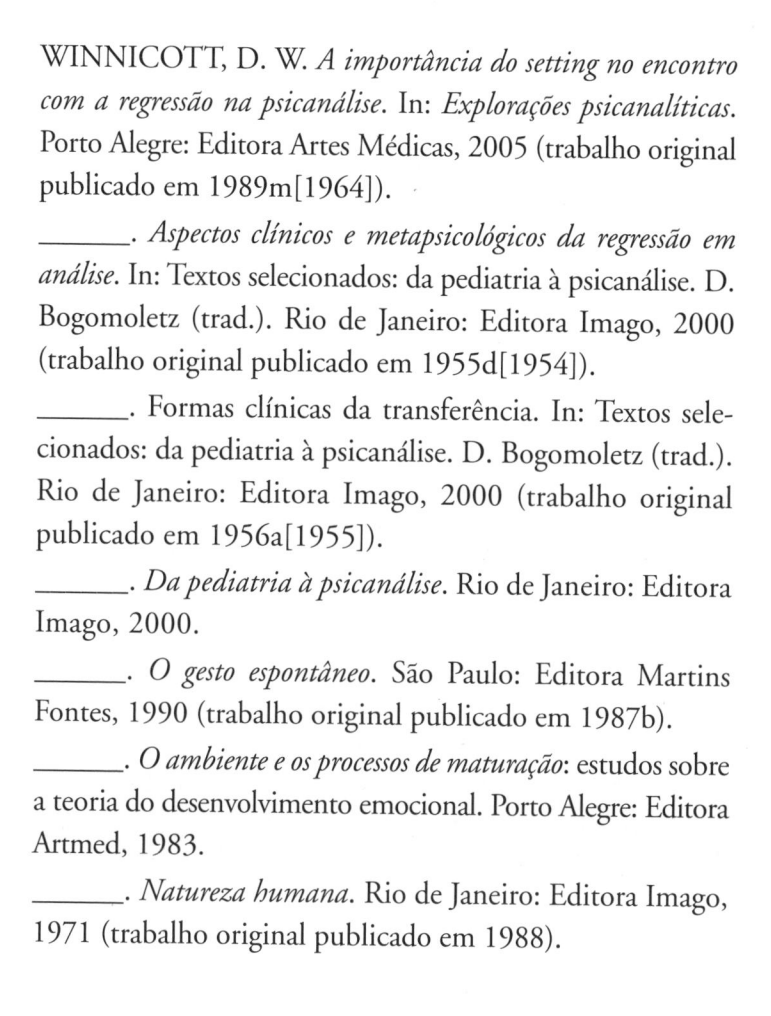

_____. *Aspectos clínicos e metapsicológicos da regressão em análise*. In: Textos selecionados: da pediatria à psicanálise. D. Bogomoletz (trad.). Rio de Janeiro: Editora Imago, 2000 (trabalho original publicado em 1955d[1954]).

_____. *Formas clínicas da transferência*. In: Textos selecionados: da pediatria à psicanálise. D. Bogomoletz (trad.). Rio de Janeiro: Editora Imago, 2000 (trabalho original publicado em 1956a[1955]).

_____. *Da pediatria à psicanálise*. Rio de Janeiro: Editora Imago, 2000.

_____. *O gesto espontâneo*. São Paulo: Editora Martins Fontes, 1990 (trabalho original publicado em 1987b).

_____. *O ambiente e os processos de maturação*: estudos sobre a teoria do desenvolvimento emocional. Porto Alegre: Editora Artmed, 1983.

_____. *Natureza humana*. Rio de Janeiro: Editora Imago, 1971 (trabalho original publicado em 1988).

Esta obra foi composta em CTcP
Capa: Supremo 250g – Miolo: Book Ivory Slim 65g
Impressão e acabamento
**Gráfica e Editora Santuário**